- Десетте напасти -

Живот в
НЕПОСЛУШАНИЕ

и в

ПОСЛУШАНИЕ

Д-р Джейрок Лий

URIM BOOKS

,,Защото аз зная мислите,
които мисля за вас, казва Господ,
мисля за мир, а не за зло,
за да ви дам бъдеще и надежда.''

(Еремия 29:11)

Живот в непослушание и в послушание
от Д-р Джейрок Лий

Издадена от Юрим Букс (Представител: Сионгкион Вин)
361-66, Шиндейбанг- донг, Донгджак- гу, Сеул, Корея
www.urimbooks.com

Запазени права © 2013 от Д-р Джейрок Лий
ISBN: 978-89-7557-685-0(03230)
Запазени права за превод © 2011 от Д-р Естер К. Чанг. Използван с разрешение.

Предишно издание на корейски език от Юрим Букс през 2007 г.

Първо издание – Март 2013 г.

Редакция Д-р Джюмсан Вин
Дизайн – Издателска къща Юрим букс
Печат: Печатна фирма Yewon
За повече информация пишете на: urimbook@hotmail.com

Пролог

Гражданската война в Съединените американски щати достигнала своята критична точка, когато 16ия президент, Ейбрахам Линкълн, призовал за ден на молитва и пост на 30 април, 1863 г.

„Страшните бедствия в днешно време може да са наказания за греховете на бащите ни. Ние бяхме прекалено горди от нашия успех и богатство. Ние бяхме толкова горди, че забравихме да се молим на Бога, който ни е създал. Трябва да признаем греховете на нацията ни и да молим Бога смирено за милост и благоволение. Това е задължението на гражданите на Съединените американски щати."

Много американци последвали предложението на великия лидер. В този ден не се хранили и отправили молитва и пост.

Линкълн смирено се молил на Бога и спасил Съединените американски щати от разпадане. В действителност, можем да намерим от Бога всички отговори на нашите проблеми.

Евангелието било проповядвано от многобройни свещеници през вековете, но много хора не слушат Божието слово и твърдят, че вярват само на себе си.

В днешно време в света има необичайни температурни промени и природни бедствия. Въпреки развитието на медицината, съществуват нови и устойчиви на лечение болести, които стават все по-опасни.

Хората могат да изпитват увереност в себе си. Те могат да се отдалечат от Бога, но когато погледнем отблизо живота им, не можем да го опишем без да използваме думите безпокойство, болка, бедност и болести.

Човек може да загуби богатството си за един ден. Някои хора загубват скъпи членове на семейството или всичките си притежания заради инциденти. Други могат да срещнат множество трудности в бизнеса и на работното място.

Те могат да се запитат: „Защо се случват на мен тези неща?" но, не познават изхода от ситуацията. Много вярващи страдат от изпитания и проверки, но не знаят разрешението на проблемите си.

Всичко има своя причина. Проблемите и затрудненията също имат своите причини.

Десетте напасти, причинени на Египет и правилата на Пасхата, записани в книгата Изход, дават отговор на всички видове проблеми, с които се сблъскват хората в днешно време.

В духовен смисъл Египет символизира света и поуката от десетте напасти, причинени на Египет е валидна за всички хора в нашето съвремие. Не всички разбират Божията воля, заложена в десетте напасти.

В Библията не е записано, че това са „Десетте напасти" и някои хора твърдят, че те са единадесет или дори дванадесет.

Пример за горното становище е превръщането на жезъла на Аарон в змия. В действителност да видиш змия не представлява някаква вреда и в този смисъл трудно бихме могли да включим това към десетте напасти.

Змиите в дивия свят притежават много силна отрова и могат да убият всекиго с едно ухапване, затова хората могат да се почувстват в опасност само при вида на змията. Ето защо някои хора я добавят към десетте напасти.

Това мнение се основава на инцидента с превръщането

на жезъла в змия и на смъртта на египетските войници в Червено море. В този момент израелтяните все още не били пресекли Червено море и затова включвали и този инцидент, казвайки, че имало дванадесет напасти. Важно е не количеството на напастите, а тяхното духовно значение и Божието провидение, заложено в тях.

В тази книга са противопоставени образите на Фараона, които не спазвал Божието слово и на Моисей, които водил послушен живот. Книгата съдържа също любовта на Бога, който с безкрайното Си състрадание ни позволява да познаем пътя към спасението чрез отбелязването на Пасхата, закона за обрязването и значението на Празника на безквасния хляб.

Фараонът видял с очите си Божията сила, но въпреки всичко не се подчинявал и за него нямало спасение. Израелтяните били послушни и за тях нямало опасност от бедствия.

Причината, заради която Бог ни разказва за Десетте напасти е да осъзнаем защо ни сполетяват бедствия и изпитания, за да можем да разрешим всички житейски проблеми и да водим спокоен живот.

Чрез описание на благословиите, които ни очакват ако сме послушни, Той иска да влезем в небесното царство като Негови деца.

Читателите на тази книга ще могат да намерят пътя за разрешаване на житейските си проблеми. Те ще почувстват утешаване на духа сякаш вкусват сладкия дъжд след продължителна суша и ще бъдат ръководени по пътя към отговорите и благословиите.

Отдавам благодарности на Джюмсан Вин, директор на издателската къща и на всички служители, които направиха възможно публикуването на настоящата книга. Моля се в името на Господ Исус Христос всички читатели да водят послушен живот, за да получат удивителна любов и благословии от Бога.

Юли 2007
Джейрок Лий

Съдържание

За живота в
непослушание

„Но ако не слушаш гласа на Господа, твоя Бог, и не изпълняваш старателно всичките Му заповеди и наредбите Му, които днес ти давам, то всички тези проклятия ще дойдат върху теб и ще те придружават. Проклет ще бъдеш в града и проклет ще бъдеш на полето. Проклети ще бъдат кошът ти и нощвите ти; проклети ще бъдат плодът на утробата ти и плодът на земята ти, малките на говедата ти и малките на овцете ти. Проклет ще бъдеш при влизането си и проклет ще бъдеш при излизането си през градската порта."
(Второзаконие 28:15-19).

Глава 1

Десет напасти, причинени на Египет

Изход 7:1-7

„Тогава Господ каза на Моисей: Ето, поставих те като бог срещу фараон; и брат ти Аарон ще ти бъде пророк. Ти ще казваш всичко, което ти заповядвам, а брат ти Аарон ще говори на фараона да пусне израелтяните от земята си. Но Аз ще закоравя фараоновото сърце и въпреки че ще умножа знаменията Си и чудесата Си в Египетската земя, Фараонът няма да ви послуша и Аз ще нападна Египет, и с велики дела на съд ще изведа Моите войнства, народа Си, израелтяните от Египетската земя. И египтяните ще познаят, че Аз съм Господ, когато вдигна ръката Си против Египет и изведа израелтяните изсред тях. И така, Моисей и Аарон направиха, както Господ им заповяда. А Моисей беше на осемдесет години, а Аарон на осемдесет и три години, когато говореха на фараона.“

Всички хора имат право да бъдат щастливи, но малцина изпитват истинско щастие. Трудно е да се гарантира човешкото щастие, особено в днешния свят, изпълнен с различни видове болести, катастрофи и престъпления.

Въпреки това, има някой, който повече от всички желае да бъдем щастливи. Това е Нашият Баща, който ни е създал. Повечето родители от сърце желаят да дадат безусловно всичко за щастието на децата си. Нашият Бог ни обича много повече от всички родители и желанието Му да ни благослови е далеч по-голямо от желанието на родителите.

Как би могъл Бог да пожелае децата Му да изпитват болка или да страдат от бедствия? Нищо не би могло да се отдалечава повече от желанието на Бога за нас.

Ако ние сме способни да осъзнаем духовното значение и провидението на Бога в десетте напасти, които сполетели Египет, ще разберем, че това също била Божията любов. По този начин ще открием начините за избягване на нещастията. Дори и когато сме изправени пред изпитание, ще намерим спасение и ще продължим по благословения път.

Много хора не вярват в Бога, когато са затруднени, а продължават да се оплакват от Него. Дори и сред вярващите, има такива, които не разбират сърцето Му, когато са изправени пред нещастия. Те загубват надежда и се отчайват.

Йов бил най-богатият човек на изток, но след като го сполетели нещастия, отначало не успял да разбере Божията воля. Той сякаш очаквал да му се случи това, което го сполетяло. Според Йов 2:10 имало възможност да бъде благословен и проклънат, защото погрешно считал, че Бог безпричинно отдавал злочестини и благословии.

Бог никога не ни пожелава злото, Той ни желае само мир. Преди да разгледаме темата за десетте напасти, които сполетели Египет, нека да се замислим за условията и обстоятелствата от онова време.

Създаването на израелската нация

Израелтяните са избрания от Бога народ. В тяхната история много добре откриваме Божията воля и провидение. Израел се наричал внукът на Авраам. Израел означава: „защото си бил в борба с Бога и с хора и си надвил" (Битие 32:28).

Исаак бил роден от Авраам и имал двама сина близнаци – Исав и Израел. Необичайно било вторият син Израел, да следва плътно своя брат Исав, когато се родили. Израел искал да притежава правото на първороден син вместо неговия по-голям брат Исав.

Израел по-късно закупил първородното право от Исав с малко хляб и леща и измамил своя баща Исаак, за да отнеме първородното право от Исав.

Хората в днешно време имат много различен начин на

мислене и завещават наследството не само на синовете, но и на дъщерите си. В миналото било обичайно първородният син да наследи всичко от своите родители. В Израел също било голяма благословия да бъдеш първороден син.

Библията ни казва, че Израел отнел по измамен начин първородното право от Исав, но той наистина копнеел да бъде благословен от Бога и трябвало да премине през множество изпитания, за да получи благословии. Той избягал от брат си и в продължение на 20 години служил на своя чичо Лаван, който често го лъжел и мамил.

Животът на Израел бил в опасност, когато се завърнал в своя роден град, защото брат му все още му бил ядосан. Израел преминал през тези трудности, защото търсил собствената полза или изгода.

Той изпитвал по-голям страх от Бога в сравнение с други хора и чрез изпитанията унищожил своето его и себелюбие. Накрая бил благословен от Бога и образувал нацията на израелтяните чрез своите дванадесет сина.

Причини за Изхода и появата на Моисей

Защо израелтяните живели като роби в Египет?

Яков, бащата на Израел, изпитвал предпочитание към своя единадесети син, Йосиф. Йосиф бил роден от Ракел, съпругата, която Яков много обичал. Това предизвикало завистта на природените братя на Йосиф, които го продали в робство в Египет.

Йосиф се страхувал от Бога и живял съвестно. Той слушал Бога във всичко и само тринадесет години след продажбата му в робство, станал следващия по власт след царя върху всички земи в Египет.

В Близкия Изток имало голяма суша и с помощта на Йосиф, Яков и неговото семейство се преместили в Египет. Египет бил спасен от жестоката суша чрез мъдростта на Йосиф, затова Фараонът и египтяните се отнасяли изключително добре със семейството му и им дали земята Гесем.

Множество поколения по-късно, израелтяните започнали да преобладават по своята численост и египтяните се почувствали застрашени. Били изминали стотици години от смъртта на Йосиф и те вече не помнили благоволението му.

Египтяните започнали да преследват израелтяните, превърнали ги в роби и ги принуждавали да вършат тежък физически труд.

Освен това, за да спре нарастващия брой на израелтяните, Фараонът заповядал на еврейските акушерки да убият всички новородени момчета.

В тази тъмна епоха се родил Моисей, водачът на Изхода.

Майка му видяла, че бил красив и го укривала в продължение на три месеца. Настъпило време, когато не можела повече да го укрива, сложила го в една върбова кошница и го оставила сред тръстиките на брега на река Нил.

По онова време, принцесата на Египет слязла да се изкъпе в река Нил. Тя забелязала кошницата и решила да прибере и да задържи бебето. Сестрата на Моисей видяла всичко и бързо препоръчала за акушерка Йохаведа, истинската майка на Моисей. По този начин Моисей бил отгледан от собствената си майка.

По-късно той научил за Бога и за израелтяните от Авраам, Исаак и Яков.

Моисей израстнал в двореца на Фараона и добил различни познания, които го подготвили и обучили като лидер. По същото време той добил ясна представа за своя народ и за Бога и любовта му към тях нарастнала.

Бог обучил Моисей като водач на Изхода и от своето раждане той се упражнявал и тренирал да ръководи.

Моисей и Фараонът

В живота на Моисей имало повратна точка. Той винаги се тревожил за своите хора, евреите, опасявал се за техния тормоз и страданията им като роби. Веднъж видял един египтянин да бие евреин. Не успял да сдържи гнева си и убил египтянина. Фараонът чул за станалото и Моисей избягал от него.

Наложило се следващите четиридесет години Моисей

да живее като пастир на овце в пустинята Мадиан. Всичко това било според Божието провидение, за да се подготви като водач на Изхода. По време на всичките тези години, в които бил пастир на овцете на своя втори баща, той напълно изоставил достойнството си като принц на Египет и станал много скромен човек.

Едва тогава Бог повикал Моисей като водач на Изхода.

А Моисей каза на Бога: „Кой съм аз, че да ида при фараона и да изведа израелтяните от Египет?" (Изход 3:11)

Моисей бил пастир на овце в продължение на четиридесет години и затова нямал увереност. Бог познавал сърцето му и му представил множество знамения като превръщането на жезъла в змия, за да отиде при Фараона и да му предаде Божията заповед.

Моисей се смирил напълно и бил способен да се подчини на Бога. За разлика от Моисей, Фараонът бил много упорит човек с коравосърдечно сърце.

Хората с коравосърдечни сърца не се променят дори и да видят много дела на Бога. В добре известната притча, която Исус разказал в Матей 13:18-23, сред четирите видове полета, коравосърдечното сърце попада в категорията „край пътя." Земята край пътя е много твърда, защото хората вървят по нея. Хората с такива сърца не се променят дори и да видят Божиите дела.

По онова време египтяните били много смели и силни като лъвове. Техният управител, Фараонът, притежавал върховната власт и считал себе си за бог. Хората също му служили сякаш бил бог.

Моисей проповядвал за Бога на хората, които не знаели нищо за Него и за които не било лесно да го слушат.

Те се възползвали много от труда на израелтяните, затова било още по-трудно да приемат думите му и да ги освободят.

В днешно време също има хора, които считат за най-важни своите познания, слава, власт или богатство. Търсят единствено собствената изгода и вярват само в своите умения. Те са арогантни и сърцата им са коравосърдечни.

Сърцата на Фараона и на египтяните били студени. Те не се подчинили на Божията воля, представена чрез Моисей, не изпълнили Божията заповед и накрая ги очаквала смърт.

Разбира се, Бог не изпратил проклятия от началото макар и сърцето на Фараона да било коравосърдечно.

Както е записано: „Благодатен и жалостив е Господ, дълготърпелив и многомилостив." (Псалми 145:8), Бог много пъти представил силата Си чрез Моисей. Господ искал да Го признаят и да Го слушат, но Фараонът станал още по-коравосърдечен.

Бог, който вижда сърцето и ума на всички хора, говорил с Моисей и му казал това, което искал да направи.

Но Аз ще закоравя фараоновото сърце и въпреки че ще умножа знаменията Си и чудесата Си в Египетската земя, Фараонът няма да ви послуша и Аз ще нападна Египет, и с велики дела на съд ще изведа Моите войнства, народа Си, израелтяните от Египетската земя. И египтяните ще познаят, че Аз съм Господ, когато вдигна ръката Си против Египет и изведа израелтяните изсред тях. (Изход 7:3-5)

Закоравялото сърце на Фараона и десетте напасти

През целия процес на Изхода, много пъти можем да намерим цитата: *„Но Аз ще закоравя фараоновото сърце"* (Изход 7:3).

В буквален смисъл изглежда сякаш Бог втвърдил нарочно сърцето на Фараона и човек може погрешно да заключи, че Бог е като диктатор. Това не е вярно.

Бог иска всеки човек да постигне спасение (1 Тимотей 2:4). Той иска дори хората с най-закоравяли сърца да осъзнаят истината и да бъдат спасени.

Бог е Господ на любовта; Той никога не би втвърдил

нарочно сърцето на Фараона, за да разкрие славата Си. Освен това, чрез факта, че Бог многократно изпратил Моисей при Фараона, можем да разберем, че Бог искал Фараонът и всички останали да променят сърцата си и да Го слушат.

Бог върши всичко според установен ред, с любов и справедливост, следвайки словото в Библията.

Врагът-дявол ще ни обвини ако вършим зло и не спазваме Божието слово. Ето защо ние сме подложени на проверки и изпитания. Хората, които спазват Божието слово и живеят праведно, ще бъдат благословени.

Човек избира свободно действията си. Бог не решава кой да бъде благословен и кой не. Ако Бог не беше Господ на любовта и на справедливостта, Той щеше да изпрати голямо бедствие на Египет от самото начало, за да накара Фараонът да се предаде.

Бог не иска „принудително подчинение," породено от страх. Той иска хората да открият сърцата си и да Го слушат доброволно.

Първо, Той ни позволява да познаем волята Му и ни показва силата Си, за да можем да се подчиняваме. Когато не сме послушни, Той започва с дребни нещастия, за да ни позволи да се осъзнаем и да открием себе си.

Всемогъщият Бог познава сърцата на хората; Той знае кога се разкрива злото, как можем да го отхвърлим и как можем да получим отговор на проблемите ни.

Дори и днес Той ни ръководи по най-добрия път и ни посочва най-добрия начин, за да станем святи деца на Бога.

От време на време, Той ни подлага на изпитания и проверки, които можем да преодолеем. Това е начинът да открием злото в себе си и да го отхвърлим. Докато душата ни просперира, Той позволява всичко да ни върви добре и ни дарява с добро здраве.

Въпреки това, Фараонът не отхвърлил злото в себе си, когато било разкрито. Той закоравил сърцето си и продължил да не спазва Божието слово. Бог познавал сърцето на Фараона и позволил да бъде разкрито чрез десетте напасти. Ето защо Библията казва: „Господ закорави сърцето на Фараона."

„Да имаш закоравяло сърце" обикновено означава да имаш претенциозен и труден характер. Закоравялото сърце, описано в Библията по отношение на Фараона не означава само неспазването на Божието слово с порочност, но и противопоставянето на Бога.

Както вече споменах по-нагоре, Фараонът водил много егоцентричен живот и считал себе си за господ. Всички хора му се подчинявали и от нищо не се страхувал. Ако имаше добро сърце, той щеше да повярва в Бога, когато види могъщите дела, представени чрез Моисей, дори и да не знаел за Неговото съществуване.

Например, Навуходоносор от Вавилон, който живял от 605 до 562 преди Христа, не познавал Господ, но той приел

Бога след като станал свидетел на Божията сила, представена чрез тримата приятели на Даниил – Седрахов, Мисахов и Авденагов.

Навуходоносор каза: Благословен да бъде Бог Седрахов, Мисахов и Авденагов, Който изпрати ангела Си и избави слугите Си, които, като уповаваха на Него, не послушаха думата на царя, а предадоха телата си, за да не служат, нито да се поклонят на друг бог освен на своя си Бог. Затова издавам указ всеки човек, от който и да било народ, племе и език, който би казал зло против Бога на Седрах, Мисах и Авденаго, да бъде посечен и къщата му да бъде превърната в бунище; защото няма друг бог, който може да избави така. (Даниил 3:28-29)

Още в ранна младост Седрахов, Мисахов и Авденагов попаднали в нееврейска държава като пленници, но не почитали идоли, за да спазват Божиите заповеди и били захвърлени в огнена пещ. Те не получили никакви изгаряния в пеща и нито един косъм от главите им не бил опърлен. Навуходоносор видял това и веднага приел живия Бог.

Той не само признал всемогъщия Бог, когато станал свидетел на Божието дело, което надвишавало всички човешки възможности, но също така възхвалявал Бога пред всички свои хора.

Фараонът не признал Бога дори и след като станал свидетел на мощните Му дела и закоравил още повече сърцето си. Едва след като започнал да страда не само от една или две, но от всичките десет напасти, той позволил на израелтяните да си отидат.

Въпреки това, закоравялото му сърце останало непроменено и той съжалил, че пуснал израелтяните на свобода. Започнал да ги преследва с армията си докато не загинал с нея в Червено море.

Израелтяните били под закрилата на Бога

Докато цялата египетска земя била поразена от десетте бедствия, израелтяните изобщо не пострадали макар и да се намирали в самия Египет, защото Бог специално закрилял земята Гошен, където живели.

Ние също можем да сме в безопасност ако Бог ни закриля по време на бедствия и нещастия. Дори и да се разболеем или да срещаме затруднения, ние можем да се излекуваме и да ги преодолеем с Божията сила.

Израелтяните не били закриляни заради своята вяра или праведност. Те не пострадали, защото били избраните хора на Бога. За разлика от египтяните, те търсили Бога в своите страдания и Той ги закрилял, защото Го признавали.

По същия начин, дори и все още да притежаваме форми

на злото, само заради факта, че сме станали Божии деца, ние можем да бъдем закриляни от нещастията, които сполетяват невярващите.

Така е, защото сме получили опрощение на греховете чрез кръвта на Исус Христос и сме станали Божии деца; ето защо, ние повече не сме деца на дявола, който ни причинява изпитания и нещастия.

По-нататък, с нарастването на вярата ни, ние спазваме свещен Божия ден, отхвърляме греховете и спазваме Божието слово. По този начин получаваме Божията любов и благословия.

А сега, Израелю, какво иска от тебе Господ, твоят Бог, освен да се боиш от Господа, твоя Бог, да ходиш във всичките Му пътища, да Го обичаш и да служиш на Господа, твоя Бог, с цялото си сърце и с цялата си душа, за да пазиш заповедите на Господа и наредбите Му, които днес ти давам за твое добро? (Второзаконие 10:13)

Глава 2

Живот в непослушание и напасти

Изход 7:8-13

,,И Господ каза на Моисей и Аарон: Когато фараонът ви говори и каже: Покажете чудо, тогава кажи на Аарон: Вземи жезъла си и го хвърли пред фараона, за да стане на змия. Тогава Моисей и Аарон влязоха при фараона и направиха, както заповяда Господ; Аарон хвърли жезъла си пред фараона и служителите му и жезълът стана на змия. Но фараонът повика мъдреците и заклинателите и египетските влъхви направиха същото с магиите си. Защото хвърлиха, всеки от тях, жезъла си и те станаха на змии; обаче Аароновият жезъл погълна техните жезли. А сърцето на фараона се закорави и той не ги послуша, както Господ беше говорил.''

Карл Маркс отхвърлял Бога. Той основал комунизма на основата на материализма. Голям брой хора изоставили Бога благодарение на теорията му. Изглеждало сякаш целият свят скоро щял да приеме комунизма, но комунизмът продължил само 100 години.

С падането на комунизма, Маркс изпитвал различни затруднения в своя личен живот като състоянието на умствена нестабилност и ранната смърт на децата му.

Фридрих В. Ницше, който казал „Бог е мъртъв," повлиял на много хора да се противопоставят на Бога. Скоро след това полудял от страх и го застигнала трагична смърт.

Можем да видим, че хората, които се противопоставят на Бога и не спазват словото Му, страдат от различни проклятия и водят нещастен живот.

Разлики между напастите, изпитанията, проверките и страданията

Независимо дали са вярващи или не, всички хора могат да срещнат известни проблеми, защото животът ни според Божието провидение за развитието на човечеството е предназначен за постигането на истински деца.

Бог ни е дал само добри неща. След като хората били обладани от грях заради прегрешението на Адам, този свят попаднал под контрола на врага-дявол и на Сатаната. От тогава насетне хората започнали да страдат от различни проблеми и нещастия.

Хората съгрешавали от омраза, гняв, алчност, арогантност и изневяра. Според тежестта на греха, те започнали да страдат от всякакви видове тестове и изпитания, причинени от врага-дявол и Сатаната.

Хората понякога изпадат в особено трудни ситуации и ги наричат катастрофални. Когато изпитват проблеми, вярващите често използват думите „изпитание," „страдание" или „проверка." Библията също казва: „И не само това, но нека се хвалим и в скърбите си, като знаем, че скръбта произвежда твърдост, а твърдостта – изпитана правда, а изпитаната правда – надежда" (Римляни 5:3-4).

Трудностите могат да бъдат наречени бедствия или напасти, изпитания или страдания според това дали човек живее праведно и според степента на вярата на всеки от нас.

Например, Бог не може да ни предпази от различни видове затруднения, когато вярваме, но не действаме според словото, което сме слушали винаги. Тези затруднения могат да бъдат наречени „страдания." По-нататък, ако човек пренебрегне вярата си и съгрешава, той ще страда от напасти или бедствия.

Освен това, представете си, че човек слуша словото и се опитва да го спазва, но в момента не живее напълно праведно. В този случай той се намира в процес на борба с греховната си природа. Когато човек срещне много видове затруднения и трябва да се бори против греховете с кръвта си, Библията гласи, че той е подложен на изпитания или е дисциплиниран. По-конкретно, тези затруднения са наречени „страдания."

„Изпитанието" е начин да се провери дали е пораснала вярата ни. Хората, които се опитват да живеят праведно, срещат изпитания и проверки. Ако човек се отдалечи от истината и разгневи Бога, той ще бъде подложен на страдания или напасти.

Причини за напастите

Бог отвръща Своето лице от хората, които умишлено съгрешават. Тогава врагът-дявол и Сатаната могат да им причинят напасти според степента, в която не спазват Божието слово.

Ако човек не се откаже от греховете, а продължи да съгрешава дори и след като са го сполетели напасти, ще страда от по-големи бедствия, какъвто е случаят с десетте напасти в Египет. Ако човек се покае и се отвърне от порока, напастите бързо ще изчезнат с Божието милосърдие.

Хората страдат от напасти заради тяхното зло, но сред страдащите можем да разграничим две групи.

Първата група се обръща към Бога и се опитва да се покае и да се откаже от порока чрез бедствията. От друга страна, втората група продължава да се оплаква от Бога с думите:

„Аз редовно ходих на църква, молих се и принасях жертви, защо тогава трябва да страдам от такива беди?"

Резултатът за двете групи ще бъде напълно различен. В първия случай, бедствието ще изчезне и хората ще получат Божието милосърдие. Във втория случай хората дори не осъзнават проблема и ще ги сполетят по-големи нещастия.

Колкото е по-порочно сърцето на един човек, толкова по-трудно ще бъде за него да признае грешката си и да се откаже от греха. Такъв човек има толкова закоравяло сърце, че не го открива дори и да чуе евангелието. Дори и да притежава вяра, той не е способен да разбере Божието слово; той просто ходи на църква, но не се променя.

Следователно, ако страдате от определена напаст, трябва да осъзнаете, че не сте били праведни в очите на Бога и да се откажете бързо от порока.

Шансове, дадени от Бога

Фараонът отхвърлил Божието слово, което му било предадено чрез Моисей. Той не се отказал от греховете, когато бил изправен пред дребни напасти и затова изпитал по-големи беди. Когато въпреки всичко продължил да съгрешава и да не се подчинява на Бога, цялата страна била прекалено слаба, за да се възстанови и го застигнала трагична смърт. Колко глупаво постъпил!

След това Моисей и Аарон дойдоха и казаха на араона: Така говори Йехова, Израелевият Бог: Пусни народа Ми, за да Ми отпразнуват празник в пустинята. (Изход 5:1)

Фараонът веднага отказал, когато Моисей го помолил да пусне израелтяните.

Но фараонът запита: Кой е Йехова, че да послушам гласа Му и да пусна Израел? Не познавам Йехова и затова няма да пусна Израел. (Изход 5:2)

А те отговориха: Богът на евреите ни срещна. Молим ти се, нека отидем на тридневен път в пустинята, за да принесем жертва на Йехова, нашия Бог, да не би да ни порази с епидемия или с меч. (Изход 5:3)

Фараонът чул словото от Моисей и от Аарон и неоснователно обвинил израелтяните, че мързелували и мислили за всичко друго, но не и за работа. Той ги наказвал жестоко с изключително тежък физически труд. До този момент на израелтяните давали плява, за да правят тухли, но вече трябвало сами да събират плявата и да произвеждат същото количество тухли. За тях не било лесно да правят толкова много тухли дори и когато имали плява. Можем да видим колко закоравяло било сърцето на Фараона.

Израелтяните започнали да се оплакват от Моисей, когато работата им станала по-тежка, но Бог го изпратил отново при Фараона, за да покаже знаменията. Бог дал възможност на Фараона, който не спазвал словото Му да се покае като му представил Божията сила.

Тогава Моисей и Аарон влязоха при фараона и направиха, акто заповяда Господ; Аарон хвърли жезъла си пред фараона и служителите му и жезълът стана на змия. (Изход 7:10)

С помощта на Моисей, Бог превърнал жезъла в змия, за да свидетелства за живия Бог пред Фараона, който не Го познавал.

В духовен смисъл „змията" се отнася за Сатаната. Защо Бог превърнал жезъла в змия?

Земята, на която стоял Моисей и жезълът също принадлежали на този свят. Този свят принадлежи на врага-дявол и на Сатаната. Бог направил змията, за да символизира всичко това и да ни каже, че хората, които не са праведни в Неговите очи, винаги получават делото на Сатаната.

Фараонът се противопоставял на Бога и Бог не можел да го благослови. Ето защо, Бог направил така, че да се появи змията, която представяла Сатаната и по този начин се предзнаменувало делото му. Всички следващи напасти като напастта с кръв, жаби и мушици, били причинени от

Сатаната.

Следователно, превръщането на жезъла в змия има за цел хората да осъзнаят това, което се случва. Те могат да бъдат категоризирани като съвпадения. На този етап няма действителни щети. Това е шанс, отдаден от Бога, за да се разкаем.

Фараонът довежда египетските влъхви

Фараонът видял жезълът на Аарон да се превръща в змия и повикал мъдреците и влъхвите на Египет.

В двореца имало влъхви, които правили различни магии пред царя за негово развлечение. Те се издигнали на служебни длъжности благодарение на вълшебствата. Уменията им били наследени от техните предшественици и те действително били родени с подобен темперамент.

Дори и в днешно време, някои магьосници преминават през Великата китайска стена пред множество свидетели или правят така, че да изчезне Статуята на Свободата. Също така, някои хора дълго време са практикували Бога и могат да спят на тънък клон или да стоят в кофа в продължение на много дни.

Някои от тези вълшебства са само зрителна измама. Въпреки това, те се упражняват в извършването на удивителни неща. Колко по-могъщи тогава били магьосниците, които правили вълшебства пред царя поколения наред! В техния случай те биха могли да се усъвършенстват дотолкова, че да общуват с лоши духове.

Някои магьосници в Корея общуват с демони и танцуват върху много остри ръбове на косачки без изобщо да се нараняват. Магьосниците на Фараона също общували с лоши духове и представяли множество чудеса.

Египетските магьосници се подготвяли дълго време и чрез зрителна измама и фокусничество, превърнали жезъла в змия.

Хората, които не признават живия Бог

Когато Моисей хвърлил жезъла и го превърнал в змия, Фараонът веднага решил, че има Бог и че Богът на Израел е истинският Господ. Въпреки това, той не повярвал в Бога, когато видял влъхвите да правят змия.

Змиите, направени от магьосниците били погълнати от змията, направена от жезъла на Аарон, но той решил, че това е случайност.

В действителност няма случайност. Когато има нов вярващ, който скоро е приел Бога, множество дела на Сатаната биха могли да разклатят вярата му в Господ. В този случай много хора считат това за случайност.

Също така, някои вярващи, които скоро са приели Бога, разрешават проблемите си с помощта Му. Отначало те признават Божията сила, но с течение на времето започват да гледат на всичко като на съвпадение.

Подобно на Фараона, който станал свидетел на Божието дело с превръщането на жезъла в змия, но не повярвал в Бога, има хора, които не признават живия Бог, а считат всичко за случайност дори и след като са изпитали Божиите дела.

Някои хора изпитват един път Божията сила и това е достатъчно, за да повярват изцяло в Него. Други отначало признават Бога, но по-късно мислят, че са разрешили проблемите си благодарение на своите умения, знания, опит или с помощта на съседите и считат, че Божието дело е случайност.

Ето защо, Бог не може да не отвърне от тях лицето Си. В последствие, проблемът, който някога бил разрешен, ще се появи отново.

В случай на излекувана болест, тя може да се появи отново или да се влоши повече. В случай на проблеми в работата, могат да възникнат по-големи проблеми от предишните.

Ако считаме Божието дело за съвпадение, ние ще се отдалечим от Бога. В този случай, същият проблем може да възникне отново или да попаднем в още по-трудни ситуации.

По същия начин, Фараонът считал Божието дело за съвпадение и започнал да страда от истински напасти.

А сърцето на фараона се закорави и той не ги послуша, както Господ беше говорил. (Изход 7:13)

Глава 3

Напасти с кръв, жаби и мушици

Изход 7:20-8:19

„Моисей и Аарон направиха, както Господ заповяда; и Аарон, като вдигна жезъла, удари цялата вода в Нил пред фараона и служителите му; и водата на Нил се превърна в кръв." (7:20)

„И така, Господ каза на Моисей: Кажи на Аарон: Протегни ръката си с жезъла си над реките, над потоците и над езерата и направи така, че да наскачат жаби по Египетската земя. И Аарон протегна ръката си към египетските води и жабите излязоха и покриха Египетската земя." (8:5-6)

„След това Господ каза на Моисей: Кажи на Аарон: Простри жезъла си и удари земната пръст, за да се превърне на мушици в цялата Египетска земя. И направиха така; Аарон простря ръката си с жезъла си и удари земната пръст, и се явиха по хората и по животните; цялата земна пръст се превърна на мушици по цялата Египетска земя." (8:16-17)

„Тогава влъхвите казаха на фараона: Божий пръст е това. Но сърцето на фараона се закорави и той не ги послуша, както Господ беше предсказал." (8:19)

Бог казал на Моисей, че сърцето на Фараона щяло да се втърди и той нямало да разреши израелтяните да си тръгнат дори и да види превръщането на жезъла в змия. Бог обяснил на Моисей с подробности какво да направи.

Иди утре при фараона; ето, той излиза да отиде при водата; а ти застани при брега на Нил, за да го рещнеш, и вземи в ръката си жезъла, който се беше превърнал на змия. (Изход 7:15)

Моисей срещнал Фараона, който вървял по брега на Нил и предал Божието слово като държал жезъла, който се превърнал в змия в ръката му.

И му кажи: Господ, Бог на евреите, ме изпрати при теб и казва: Пусни народа Ми, за да Ми послужат в пустинята; но, ето, досега ти не послуша. Така казва Господ: По това ще познаеш, че Аз съм Господ; ето, с жезъла, който е в ръката ми, ще ударя върху водата, която е в Нил, и тя ще се превърне в кръв. Рибите, които са в Нил, ще измрат и реката ще се усмърди, и египтяните ще се гнусят да пият вода от нея. (Изход 7:16-18)

Напаст с кръв

Водата е близко до нас и е свързана пряко с нашето съществуване. Седемдесет процента от човешкото тяло се състои от вода и тя е жизнено необходима за всички живи същества.

Нарастващият брой на населението и икономическото развитие допринасят голям брой държави да изпитват недостиг на вода. ОН обявиха „Световен ден на водата," за да напомнят на хората нейното голямо значение. Целта е да се мотивират хората да използват икономично ограничените водни ресурси.

В древен Китай имало отговорници за контролиране потреблението на водата. Лесно можем да видим вода навсякъде около нас, но не винаги осъзнаваме голямото й значение в живота ни.

Какъв голям проблем би представлявало ако всички води в страната се превърнат в кръв! Фараонът и египтяните били изправени пред този удивителен феномен, когато Нил се превърнал в кръв.

Фараонът закоравил сърцето си и не се вслушал в Божието слово, защото вече бил виждал неговите вълшебници да превръщат водата в кръв.

Моисей му показал живия Бог, но Фараонът го считал за съвпадение и го отрекъл. Ето защо бил наказан според степента на своето съгрешение.

Моисей и Аарон просто изпълнили заповедта на ГОСПОД. Пред очите на Фараона и пред очите на неговите служители, Моисей повдигнал жезъла, ударил върху водата в Нил и всичката вода се превърнала в кръв.

Египтяните трябвало да копаят около Нил, за да намерят питейна вода. Това била първата напаст.

Духовното значение на превръщането на водата в кръв

Кой е духовният смисъл на превръщането на водата в кръв?

По-голямата част от Египет представлява пустиня и пустош. Ето защо, Фараонът и неговият народ страдали много, когато питейната вода се превърнала в кръв.

Не само питейната вода и водата за всекидневно потребление станала лоша, но също така умрели и рибите в реките, които се усмърдили. Това било голямо неудобство.

В духовен смисъл наказанието с кръв се отнася за нашите страдания в ежедневието ни. Това са дразнещи и болезнени постъпки, идващи от най-близките до нас хора като членове на семейството, приятели и колеги.

Що се отнася до нашия християнски живот, тази напаст може да представлява преследвания или изпитания, идващи от нашите най-близки приятели, родители, роднини или съседи. Разбира се, хората с по-голяма степен на вяра ще преодолеят трудностите по-лесно, а хората с малка вяра ще страдат много заради бедствията и изпитанията.

Изпитания за порочните хора

Има два вида изпитания.

Първият вид изпитания ни сполетяват, когато не спазваме Божието слово. В този момент, Бог ще прекрати изпитанието ако бързо се разкаем и се откажем от греховете.

Яков 1:13-14 гласи: „*Никой, който бива изкушаван, да не казва: Бог ме изкушава, защото Бог не се изкушава от зло и Той никого не изкушава. А всеки се изкушава, като се завлича и подлъгва от собствената си страст.*" Причината, заради която срещаме затруднения е, че се водим от нашите желания и не спазваме Божието слово. Ето защо врагът-дявол ни причинява трудности.

На второ място, понякога се опитваме да живеем праведно, но пак срещаме изпитания. Това са смущаващите дела на Сатаната, който се опитва да разколебае вярата ни.

В този случай ако отстъпим трудностите ще станат по-големи и ние няма да можем да получим благословии. Някои хора загубват малката вяра, която са имали и се връщат към светския живот.

И двата вида изпитания са причинени заради греховете ни. Ето защо, ние трябва съвестно да потърсим злото в себе си и да се откажем от него. Трябва да се молим с вяра и да благодарим. Само тогава можем да преодолеем изпитанията.

Така, както змията на Моисей погълнала змиите на вълшебниците, светът на Сатаната също е под контрола на Бога. Когато Бог повикал Моисей за първи път, Той представил знамение като превърнал жезъла в змия и след това отново в жезъл (Изход 4:4). Това символизира факта, че дори и да ни сполети изпитание чрез делото на Сатаната, Бог ще върне всичко в нормалното състояние ако покажем вярата си и разчитаме изцяло на Него.

От друга страна, няма да демонстрираме вяра ако се примирим и не можем да изпитаме Божиите дела. Трябва да разчитаме изцяло на Бога, когато сме изправени пред изпитание, за да видим как Бог го преустановява със силата Си.

Всичко е под контрола на Бога и изпитанията няма да ни засегнат ако спазваме словото Му, независимо дали са големи или дребни. Бог сам ще разреши проблема и ще ни ръководи към успех във всичко.

Важното е, че при незначителни трудности можем лесно да разрешим проблема, но в случай на по-големи бедствия не е лесно да се възстановим напълно. Следователно, винаги трябва да проверяваме себе си с Божието слово, да се отказваме от порока и да живеем праведно, за да не срещаме никакви напасти.

Изпитанията за вярващите имат за цел тяхното благославяне

Понякога има изключения. Дори и хората с голяма вяра могат да срещнат затруднения. Апостол Павел, Авраам, Даниил и неговите трима приятели и Еремия били изправени пред изпитания. Дори Исус бил изкушен от дявола три пъти.

Изпитанията, пред които са изправени вярващите са за благословии ако те са радостни, благодарни и разчитат изцяло на Бога.

Ето защо е възможно вярващите да срещнат затруднения, за да бъдат благословени чрез тяхното преодоляване. Въпреки това, те никога няма да срещнат напасти. Напастите нападат хората, които са съгрешили и са живели неправедно в очите на Бога.

Например, апостол Павел бил преследван изключително много заради Господ, но получил по-голяма сила чрез гоненията и изиграл решаваща роля за евангелизацията на Римската империя като апостол за невярващите.

Даниил не се примирил с плановете на злите хора, които му завиждали. Той не спрял да се моли и живял праведно. Затворили го в клетката на лъва, където изобщо не бил наранен и възхвалявал Бога.

Еремия бил бит и изхвърлен в затвора, защото скърбял и предупреждавал хората със сълзи, когато извършвали грехове пред Бога. Дори и в ситуацията, когато Ерусалим бил завзет от Навуходоносор от Вавилон и толкова много хора били убити и взети за пленници, Еремия бил спасен и царят се отнасял добре с него.

Чрез своята вяра Авраам издържал проверката като предложил своя син Исаак, за да бъде наречен приятел на Бога. Той получил толкова много благословии за духа и тялото, че дори и царят на нацията го приел с почести.

Както беше обяснено по-нагоре, в повечето случаи ние сме подложени на изпитания заради греховете ни, но има също и изключения, когато Божиите хора срещат изпитания с вярата си. Резултат от това е тяхното благославяне.

Напаст с жаби

Фараонът продължавал да бъде със закоравено сърце дори и след като изминали седем дни от превръщането на река Нил в кръв. Неговите влъхви също превърнали водата в кръв и той отказал да освободи израелтяните.

Като цар на нацията, Фараонът трябвало да се погрижи за своите хора, които страдали от липса на вода, но в действителност не се тревожил, защото имал закоравяло сърце.

Заради твърдото сърце на Фараона, Египет бил наказан с

втора напаст.

Нил ще загъмжи от жаби, които, след като излязат, ще наскачат в къщата ти, в спалнята ти, по леглото ти, в къщата на служителите ти, върху народа ти, в пещите ти и по нощвите ти. По тебе, по всички хора от народа ти и по всичките ти служители ще наскачат жабите. (Изход 8:3-4)

Както Бог казал на Моисей, когато Аарон протегнал ръката си с жезъла над водите на Египет, Египетската земя се покрила от безчетен брой жаби. Влъхвите тогава направили същото с техните тайни изкуства.

С изключение на Антарктика, в света съществуват над 400 различни вида жаби. Техният размер варира от 2.5 cm до 30 cm.

Някои хора ядат жаби, но обикновено хората се стряскат или се гнусят от вида им. Очите на жабите са издадени и те нямат опашка. Задните им крака са ципести и кожата им е винаги влажна. Всичко това предизвиква известно неприятно усещане.

Цялата страна била покрита от огромен брой жаби. Те седяли по масите и скачали по леглата в спалните. Хората не могли нито да се хранят спокойно, нито да спят пълноценно.

Духовното значение на напастта с жаби

Какво е духовното значение на напастта с жаби?

В книгата Откровение 16:13 срещаме следния израз: *„три нечисти духа, подобни на жаби"* Жабите са едни от най-противните животни и в духовен смисъл са свързани с Дявола.

Фактът, че жабите се намирали в двореца на царя и в къщите на министрите и народа означава, че бедствието сполетяло еднакво всички хора по равно, независимо от социалното им положение.

Освен това, скачащите по леглата жаби означавали, че щяло да има проблеми между съпрузите.

Например, представете си, че жената е вярваща, но нейният съпруг не е и последният има извънбрачна връзка. В този случай, той дава следното обяснение ако го хванат: „Така стана, защото винаги си на църква."

Ако съпругата повярва на своя мъж, който обвинява църквата за личните им проблеми и стои далеч от Бога, в този случай проблемът е предизвикан от „Сатаната в спалнята."

Хората срещат този вид напасти, защото притежават различни форми на злото. Привидно водят праведен живот с вяра, но сърцата им се разколебават, когато са изправени пред изпитания. Изчезва вярата и надеждата им за небето.

Радостта и спокойствието им изчезват също и те се страхуват от обстоятелствата около тях.

Те няма да страдат от трудностите, през които преминават на тази земя ако наистина изпитват надежда за небето и любов към Бога и ако притежават истинска вяра, а ще ги преодолеят и ще бъдат благословени.

Жабите влезли в пещите и в нощвите. Нощвите символизират насъщния хляб, а пещите – работното място или бизнеса. Като цяло това означава, че Сатаната действа в домовете на хората, на работните им места, в бизнеса и в ежедневното им изхранване, затова всички ще попаднат в стресови и трудни ситуации.

В тези условия някои хора не могат да преодолеят изпитанието и мислят: „Подложен съм на тези изпитания заради вярата ми в Исус" и се връщат към светския живот. Те се отклоняват от пътя на спасението и вечния живот.

Смущаващите дела на Сатаната ще престанат и Бог ще им помогне да преодолеят трудностите ако признаят, че нещастията са ги сполетели заради греховете и липсата им на вяра.

Изпитанията или напастите няма да са проблем за нас ако наистина вярваме. Дори и да срещнем изпитание, всичките ни проблеми ще бъдат разрешени ако се радваме и благодарим, ако сме бдителни и се молим.

Тогава фараонът повика Моисей и Аарон и каза:

Помолете се на Господа да махне жабите от мен и от народа ми; и ще пусна народа ви, за да принесе жертви на Господа. (Изход 8:8)

Фараонът помолил Моисей и Аарон да махнат жабите от страната му. Чрез молитвата на Моисей, жабите изчезнали от къщите, дворовете и полетата.

Хората ги събирали на купчини и земята станала мръсна. Фараонът видял спокойствието им и променил решението си. Той обещал да освободи израелтяните ако бъдат премахвати жабите, но след това не спазил решението си.

А фараонът, като видя, че имаше облекчение за него, закорави сърцето си и не ги послуша, както Господ беше предсказал. (Изход 8:15)

„Закорави сърцето си" представя непреклонността на Фараона. Той не послушал Моисей дори и след като видял с очите си делата на Бога и в резултат на това настъпила друга напаст.

Напаст с мушици

Бог казал на Моисей в Изход 8:16, *„След това Господ каза на Моисей: Кажи на Аарон: Простри жезъла си и удари земната пръст, за да се превърне на мушици в* цялата Египетска земя. " Земната пръст се превърнала на мушици в цялата египетска земя, когато Моисей и Аарон направили това, което им казали.

Влъхвите се опитали, но не могли да превърнат земята в мушици със своите тайни изкуства. Те осъзнали, че това не било според човешките сили и признали на царя:

Божий пръст е това (Изход 8:19).

До този момент влъхвите могли да извършват подобни неща като превръщането на жезъла в змия, превръщането на водата в кръв и появата на жаби, но не могли да направят повече.

Те също трябвало да признаят Божията сила, представена чрез Моисей, но Фараонът закоравил сърцето си и не го послушал.

Духовното значение на напастта с мушици

На еврейски език терминът „Киним" е преведен като „въшки, бълхи или мушици." Това обикновено са дребни насекоми, които живеят на мръсни места. Те се прилепват към телата на хората или животните и смучат кръв. Намират се обикновено в косата, дрехите или козината на животните. Има над 3,300 различни вида мушици.

Кожата сърби, когато смучат кръв от човешкото тяло.

Могат да причинят вторична инфекция като повтаряща треска или обрив от тифус.

В днешно време в чистите градове не е лесно да намерим мушици, но в миналото имало много такива насекоми по човешкото тяло поради липса на хигиена.

Какво представлява наказанието с мушици?

Земната пръст се превърнала в мушици. Пръстта е много ситна и можем да я духнем с дъха си. Размерите й варират от 3-4μm (микрометър) до 0.5 mm.

Така, както почти незначителната пръст се превръща в мушици, за да смучат кръв и да ни причиняват трудности и страдания, наказанието с мушици символизира случаите, когато малките неща излизат на повърхността и се превръщат в големи проблеми, причиняващи страдания и болка.

Сърбежът е сравнително по-малко болезнен от страданието от други болести, но е много дразнещ. Също така, мушиците живеят на нечисти места и напастта от тях идва в градовете, изпълнени с грях.

Например, дребната кавга между братя или между съпрузи може да се разрастне в голям спор. Маловажните проблеми от миналото също могат да се превърнат в голяма дискусия. Това също е напаст от мушици.

Когато такива форми на злото като завист и ревност

в сърцето порастват в омраза, когато човек не може да се сдържи и се ядосва на някого, когато дребните лъжи на човека станат големи в стремежа му да ги скрие – всичко това са примери за напастта с мушици.

Ако в сърцето ни има латентна форма на злото, тогава ние сме изпълнени със страдание и можем да почувстваме, че Христинският живот е труден. Може да ни сполети малка болест. Това също е напаст от мушици. Ако изведнъж имаме треска или сме настинали, ако имаме дребни спорове и проблеми, трябва бързо да се вгледаме в себе си и да се покаем.

Какво означава наличието на мушици върху животните? Животните са живи същества и по онова време техният брой и размерите на земята били показател за богатството на човека. Царят, министрите и народът имали лозя и отглеждали добитък.

Кои са нашите притежания в днешно време? Не само къщите, земята, бизнесът или работните ни места, но и членовете на семействата принадлежат към категорията на нашите „притежания." Животните са живи същества и става въпрос за членовете на семействата, които живеят заедно.

„Мушици върху хората и животните" означава, че с разрастване на проблемите, страдаме не само ние, но и членовете на семействата ни.

Пример за това са случаите, когато децата страдат заради грешките на своите родители или съпругът страда по вина на съпругата си.

Много деца в Корея страдат от атопичен дерматит. Отначало започва с лек сърбеж и бързо се разпространява по цялото тяло като предизвиква обриви и циреи по кожата.

В тежките случаи кожата на децата се напуква и гнои по цялото тяло. Кожата се разкъсва, покрива се с гной и кръв.

Родителите са изключително разстроени да видят децата си в това състояние и от факта, че не могат да направят нищо за тях.

Също така, малките деца понякога получават внезапна треска, когато родителите им се ядосат. В много случаи заболяването на малките деца е причинено от съгрешенията на техните родители.

В подобна ситуация, децата бързо ще оздравеят ако родителите прегледат живота си и се разкаят за пренебрегването на техните задължения, за споровете с другите и за всичко, което не е праведно в очите на Бога.

Можем да видим също Божията любов, която позволява тези неща да се случват. Наказанието с мушици ни е наложено, когато в нас има форми на зло. Ето защо, ние не трябва да считаме дори и най-дребните неща за случайни, а да открием формите на злото в нас, бързо да се разкаем и да се откажем от тях.

Глава 4

Напасти с мухи, чуми и циреи

Изход 8:21-9:11

„И Господ направи така; гъсти рояци мухи навлязоха във фараоновия дворец и в къщите на служителите му, и в цялата Египетска земя; земята бе поразена от рояците мухи." (8:24)

„Ръката на Господа ще бъде върху добитъка ти, който е по полето, конете, ослите, камилите, говедата и овцете; и ще настане твърде тежък мор. И Господ ще постави преграда между Израелевия и египетския добитък; от целия добитък на израелтяните нищо няма да умре. И Господ определи срок, като каза: Утре Йехова ще стори това на земята. На другия ден Господ стори това; целият египетски добитък измря, а от добитъка на израелтяните нищо не умря." (9:3, 6)

„И като взеха пепел от пещ и застанаха пред фараона, Моисей я пръсна към небето; и стана възпаление с гнойни циреи на хората и животните. А влъхвите не можаха да стоят пред Моисей поради възпалението, защото влъхвите и всички египтяни бяха получили възпаление." (9:10-11)

Египетските влъхви признали Божията власт след като видели напастта с мушици, но Фараонът закоравил сърцето си и не слушал Моисей. Божието могъщество, представено до този момент, било достатъчно за него, за да повярва в Бога, но той разчитал само на силите и властта си, считал себе си за господ и не се страхувал от Бога.

Напастите продължавали, но той не се разкаял, а още повече закоравил сърцето си. По този начин напастите също нараствали. В този момент, когато били нападнати от мушици, те могли веднага да се възстановят ако се откажели от греха, но след това станало все по-трудно да се спасят.

Напаст с мухи

Моисей отишъл при Фараона рано сутринта, както гласяло Божието слово и още веднъж му предал посланието да освободи израелтяните.

После Господ каза на Моисей: Стани утре рано и застани пред фараона (ето, той излиза, за да отиде при водата на Нил), и му кажи: Така казва Господ: Пусни народа Ми, за да Ми послужи. (Изход 8:20)

Фараонът не послушал Моисей и това предизвикало напастта от мухи не само в двореца на Фараона и в къщите на министрите, но и в цялата земя на Египет. Земята се изпълнила с мухи.

Мухите са опасни. Те предават такива болести като коремен тиф, холера, туберколоза и проказа. Обикновените мухи могат да се хранят с всичко, включително с изпражнения и отпадъци. Храносмилането им е бързо и секретират изпражнения на всеки пет минути.

Върху храната или приборите могат да останат различни видове патогенни организми и да навлязат в човешкото тяло. Устата и краката им са покрити с течности, които също съдържат патогенни организми. Мухите представляват едни от най-големите приносители на заразни болести.

В днешно време разполагаме с множество предпазни мерки и лечения и няма много болести, които да се пренасят с мухите, но в далечното минало голям брой хора са умирали от заразни болести. Освен опасните зарази, трудно бихме изяли храната, наказана от мухи, защото не е чиста.

Безкрайно много мухи покрили египетската земя. Колко мъчително трябва да е било за хората! Със сигурност са изпитвали страх само от гледката около тях.

Цялата египетска земя била нападната от опасните рояци с мухи, защото върху нея се простирало непокорството на Фараона и на всички египтяни.

Нямало мухи, изпратени на земята Гошен, където живели израелтяните, за да бъдат разграничени напълно от египтяните.

Тогава фараонът повика Моисей и Аарон и каза: Идете, принесете жертва на вашия Бог в тази земя. (Изход 8:25)

Преди Бог да изпрати първата напаст, Той им заповядал да Му принесат жертва в пустинята, но Фараонът казал да принесат жертва в Египет. Моисей отказал да направи това със следния аргумент:

Но Моисей каза: Не е правилно да направим така, защото ние ще жертваме на Господа, нашия Бог, онова, от което египтяните се гнусят; и ако жертваме пред очите на египтяните онова, от което те се гнусят, няма ли да ни избият с камъни? (Изход 8:26)

Моисей продължавал да твърди, че трябвало да отидат в пустинята за три дни и да следват Божията заповед, но Фараонът му отговорил да не отива твърде далеч и да се моли за него.

Моисей казал на Фараона, че мухите щели да изчезнат на следващия ден и го помолил да удържи обещанието си да освободи израелтяните.

Въпреки това, Фараонът не спазил обещанието си и не освободил израелтяните след като мухите изчезнали с молитвата на Моисей. От това можем да видим колко измамен и хитър бил и защо непрекъснато го сполетявали напасти.

Духовното значение на напастта с мухи

Така, както мухите идват от нечисти места и предават заразни болести, ние ще произнасяме греховни думи и ще ни сполетят различни заболявания или проблеми ако имаме порочни и греховни сърца. Това е наказанието с мухите.

Този вид напаст сполетява не само нас самите, но и нашите съпрузи или съпруги и нашите работни места.

Матей 15:18-19 гласи: „*А онова, което излиза от устата, произхожда от сърцето и то осквернява човека. Защото от сърцето се пораждат зли помисли, убийства, прелюбодейства, блудства, кражби, лъжесвидетелства, хули.*"

Устните произнасят това, което човек изпитва в сърцето си. Доброто сърце поражда добри думи, а от злите сърца излизат порочни слова. Ако ние сме неправедни и нечестни, ако изпитваме омраза и гняв, ще изговаряме подобни думи и ще извършваме подобни дела.

Клеветата, осъждането и проклинането идват всички от зли и нечисти сърца. Ето защо Матей 15:11 гласи: „*Това, което влиза в устата, не осквернява човека; но това, което излиза от устата, то осквернява човека.*"

Дори и невярващите казват неща като: „Думите падат

като семена" или „Не можеш да върнеш водата след като я разлееш."

Не можете просто да отмените това, което сте казали. Изповядването с устни е много важно в живота на един християнин. Според това дали произнасяте положителни или отрицателни думи, последствията от тях за вас могат да бъдат различни.

Напастта с мушици представлява обикновена настинка или лека заразна болест и можем да оздравеем ако се разкаем веднага. В случай на напаст с мухи, ние не можем веднага да се възстановим, дори и да се покаем. Тази напаст е предизвикана от по-тежък грях в сравнение с напастта от мушици и ние трябва да понесем последствията.

Следователно, ако сме изправени пред напастта с мухи, ние трябва да се обърнем назад и да се разкаем напълно за злите думи и подобни дела. Едва след нашето разкаяние проблемът може да се разреши.

В Библията четем за хора, които са били наказани за своите порочни думи. Такъв бил случаят с Мишал, дъщеря на Цар Саул и жена на Цар Давид. В 2 Царе, глава 6, когато ковчегът на Господ Бог бил върнат обратно в града на Давид, Давид бил много щастлив и танцувал пред всички.

Ковчегът на Господ символизирал Божието присъствие. Той бил отнет от филистимците по времето на съдиите, но след това бил възстановен. Не можело да се съхранява в табернакул и временно бил оставен в Kiriath-jearim в продължение на седемдесет години. След като Давид заел трона, той преместил ковчега в табернакул в Ерусалим и бил изключително радостен.

Не само Давид, но и всички хора на Израел се радвали заедно и възхвалявали Бога. Въпреки това Мишал, която би трябвало да се радва със своя съпруг, само го погледнала надменно с презрение.

Колко славен беше днес Израелевият цар, който се съблече днес пред очите на слугините на служителите си, както се съблича безсрамно един никакъв човек! (2 Царе 6:20)

Какво казал Давид?

Пред Господа, Който предпочете мене пред баща ти и пред целия негов дом, за да ме постави вожд над Господния народ, над Израел – да! – пред Господа танцувах. И ще се унижа още повече и ще се смиря пред собствените си очи; а от слугинит, за които ти говориш, от тях ще бъда почитан. (2 Царе 6:21-22)

Заради тези зли думи на Мишал, тя нямала нито едно дете до смъртта си.

По същия начин хората съгрешават много с устните си,

но те дори не осъзнават, че думите им са греховни. Заради порочните думи те са наказани на работното място, в бизнеса и в семейството, но не разбират защо. Бог също ни казва за значението на думите.

В престъплението на устните се намира опасна примка, а праведният ще се отърве от затруднение. От плода на устата си човек се насища с добрини; и според делата на ръцете на човека му се въздава. (Притчи 12:13-14)

От плодовете на устата си човек ще се храни с добрини, а душата на коварните ще яде насилие. Който пази устата си, опазва душата си, а който отваря широко устните си, ще погине. (Притчи 13:2-3)

Смърт и живот има в силата на езика и онези, които го обичат, ще ядат плодовете му. (Притчи 18:21)

Трябва да осъзнаем какви са последствията от злите думи, които произнасят устните ни, за да казваме само положителни думи, добри и красиви слова на истината и светлината с вяра.

Напаст с чуми

Въпреки страданието от напастта с мухите, Фараонът закоравил още сърцето си и отказал да освободи израелтяните. Тогава Бог му изпратил напастта с чуми.

И този път Бог изпратил Моисей преди да започне наказанието, за да изрази волята Му.

Защото, ако откажеш да ги пуснеш и ако още ги държиш, ръката на Господа ще бъде върху добитъка ти, който е по полето, конете, ослите, камилите, говедата и овцете; и ще настане твърде тежък мор. И Господ ще постави преграда между Израелевия и египетския добитък; от целия добитък на израелтяните нищо няма да умре. (Изход 9:2-4)

Бог определил точно време с думите: „Утре ГОСПОД ще направи това на земята," за да разберат, че не било случайност, а напаст, причинена с Божията сила. По този начин Той отново им дал възможност да се покаят.

Фараонът щеше да промени мнението си и нямаше да страда от други напасти ако беше признал Божията сила, дори и в известна степен.

Но той не променил мнението си. В резултат на това настъпил мор и загинал добитъкът на полето – коне, магарета, камили, стада.

От добитъка на израелтяните не загинало нито едно животно. Бог им дал да разберат, че бил жив и спазвал думите Си. Фараонът знаел това много добре, но закоравил сърцето си и не променил мнението си.

Духовното значение на напастта с чуми

Чума е всяка болест, която се разпространява бързо и убива голям брой хора или животни. Целият добитък в Египет загинал и това било опустошително.

Например, Черната смърт или Бубонната чума, която вилняла в Европа през четиринадесети век, в действителност представлявала епидемия, която разпространявали животните като катерици и плъхове. Хората били заразени от нея чрез мухите, които причинили много смърт. Болестта била изключително заразна, медицинската наука не била особено развита и това довело до огромен брой жертви.

Едрият рогат добитък и конете, стадата от овце и кози заемали голяма част от богатството на хората. Ето защо, добитъкът символизирал притежанията на Фараона, министрите и хората. Животните са живи същества и в днешния смисъл на думата, те се отнасят за членовете на семействата ни, за колегите и за приятелите, които са до нас в къщи, в работата или в бизнеса.

Причината за смъртта на добитъка в Египет била

порочността на Фараона. Ето защо, духовното значение на напастта с чуми е, че близките ни ще се разболеят ако натрупваме зло и Бог ще отвърне лицето Си.

Например, когато хората не слушат Бога, децата им могат да се разболеят от трудно-лечима болест. Съпругата също може да се разболее заради порочността на мъжа. Когато ни сполети подобна напаст, не само трябва да погледнем себе си, но всички членове на семейството трябва да се покаят.

Изход 20:4 гласи, че наказанието за идолопоклонството ще сполети от три до четири поколения.

Разбира се, Богът на любовта няма да ни накаже във всички случаи. Ако децата имат добро сърце, приемат Бога и живеят с вяра, те няма да бъдат наказани с напасти заради греховете на своите родители.

Децата ще срещнат последствията на своите прегрешения ако натрупат още повече грехове освен греховете, наследени от родителите. В много случаи децата, родени в семействата на идолопоклонници, страдат от наследствени или умствени заболявания.

Някои хора имат амулети, окачени на стените в домовете им. Други почитат идоли като Буда и оставят имената си в Будистки храмове. В тези случаи на сериозно идолопоклонничество, децата им ще имат проблеми дори и те самите да не страдат от напасти.

Следователно, родителите винаги трябва да живеят праведно, за да не могат децата да наследят греховете им.

Ако някой от семейството се разболее от трудно-излечима болест, те трябва да проверят дали не е предизвикана от греховете им.

Напаст с циреи

Фараонът наблюдавал смъртта на добитъка в Египет и изпратил хора да проверят какво се случвало в земята Гошен, където живели израелтяните. За разлика от всички земи в Египет, в Гошен не умряло нито едно животно.

Фараонът не променил мнението си дори и след като станал свидетел на неопровержимото дело на Бога.

Фараонат прати да видят и, ето, от добитъка на израелтяните нищо не беше умряло. Но сърцето на фараона беше упорито и той не пусна народа. (Изход 9:7)

Бог казал на Моисей и на Аарон да напълнят ръцете си с пепел от пещ и Моисей да я пръсне към небето пред Фараона. Пепелта станала прах и причинила на хората и животните възпаления с гнойни циреи.

Циреят е локално подуване и възпаление на кожата в резултат на възпаление от фоликул и околната тъкан, има твърд корен и образува гной.

В по-сериозните случаи е наложителна операция. Срещат

се циреи с диаметър над 10 ст. Те се подуват и причиняват висока температура или умора. Някои хора не могат дори да вървят добре. Циреите са изключително болезнени.

Циреите покрили хората и животните и дори влъхвите не били в състояние да се изправят пред Моисей заради тях.

По време на чумата загинал само добитъкът, но в случая с циреите пострадали и хората и животните.

Духовното значение на напастта с циреи

Епидемията е вътрешно заболяване, но циреят е видим външно, когато има сериозен вътрешен проблем.

Например, малките ракови клетки се разрастват и накрая стават видими. Същото е с мозъчния удар, белодробните заболявания и СПИН.

Тези болести обикновено се разкриват в хората с трудни характери. Всеки случай може да бъде различен, но повечето от тях са раздразнителни, арогантни, не прощават на другите и считат себе си за най-добри. Освен това, те вярват само на собственото си мнение и пренебрегват мнението на околните. Това е заради липсата на любов. Напастите идват поради тези причини.

Можем понякога да се зачудим: „Той изглежда много любезен и добър, как е възможно да страда от такава болест?" Дори и човек да изглежда любезен на външен вид, това може да не е така в очите на Бога.

Ако той самият не притежава труден характер, възможно е да е наказан за греховете на своите праотци (Изход 20:5).

Когато наказанието идва заради един член на семейството, проблемът ще се разреши, когато всички членове на семейството се разкаят заедно. По този начин наказанието става благословия за тях ако се превърнат в спокойно и красиво семейство.

Бог контролира живота, смъртта, щастието и нещастието на хората според Своята справедливост. Ето защо, нито едно заболяване или бедствие не идва безпричинно (Второзаконие 28).

Децата сами са виновни, когато страдат заради греховете на своите родители или праотци. Дори и родителите им да са идолопоклонници, Бог закриля децата ако спазват Божието слово, за да не ги сполетяват бедствия.

Наказанието за идолопоклонничеството на праотците или родителите е наложено върху децата, защото самите те не спазват Божието слово. Богът на справедливостта ги закриля ако живеят праведно, за да не срещат проблеми.

Бог е любов и Той счита една душа за по-ценна от целия свят. Той иска всеки отделен човек да получи спасение, да живее в истината и да успее в живота си.

Бог позволява да ни сполетят бедствия не за да бъдем унищожени, а да се разкаем за греховете ни и да се откажем от тях с любовта Му.

Наказанията с кръв, жаби и мушици са предизвикани

от делото на Сатаната и те са сравнително слаби. Ето защо, тези проблеми могат лесно да се разрешат ако се покаем и се откажем от греховете.

Напастите с мухи, епидемии и циреи са по-сериозни и те пряко засягат телата ни. В тези случаи трябва да разкъсаме сърцата си и да се покаем напълно.

Нека не обвиняваме другите ако страдаме от подобни бедствия. Вместо това, трябва да бъдем достатъчно мъдри, да се замислим дали спазваме Божието слово и да се покаем за всичко, което не е праведно в очите на Бога.

Глава 5

Напасти с градушка и скакалци

Изход 9:23-10:20

„Моисей простря жезъла си към небето и Господ прати гръм и град, и огън се спускаше по земята; Господ изпрати градушка по Египетската земя. Така имаше град и огън, размесен с града – град много тежък, небивал в цялата Египетска земя, откакто е заживял там народ." (9:23-24)

„И Моисей простря жезъла си над Египетската земя; а Господ изпрати източен вятър на земята през целия онзи ден и цялата нощ и на сутринта източният вятър докара скакалците. И скакалците се пръснаха по цялата Египетска земя и нападнаха по всички египетски предели; те бяха много страшни; преди това не е имало такива скакалци, нито ще има такива след тях." (10:13-14)

Родителите, които наистина обичат децата си, няма да се поколебаят да ги дисциплинират или да ги нашляпат. Желанието на родителите е да водят децата си по правия път.

Налага се родителите да използват пръчката, когато децата не ги слушат или забравят поученията им. Болката в сърцата на родителите е по-голяма от физическата болка на децата.

Богът на любовта понякога също отвръща лицето Си, за да позволи напасти или проблеми и да могат Неговите любими деца да се покаят и да се откажат от греховете.

Напаст с градушка

Бог е търпелив и понася дълго време, въпреки че имал възможност да изпрати голямо бедствие от самото начало и да накара Фараона да отстъпи. Той показал силата Си и накарал Фараона и хората му да признаят Бога, като им причинил малка напаст.

Понеже сега можех да вдигна ръката Си и да поразя теб и народа ти с мор, и щяхте досега да бъдете изтребени от земята. Но Аз ви пожалих, за да покажа на тебе силата Си и да се прочуе Името Ми по целия свят. Още ли се надигаш срещу народа Ми и не ги пускаш? Ето, утре около това време ще изпратя много тежък град, небивал в Египет, откакто се е основал до днес. (Изход 9:15-18)

Бедствията ставали все по-големи, но Фараонът все още не искал да освободи израелтяните. Бог позволил седмата напаст – бедствието с градушка.

Бог казал на Фараона чрез Моисей, че предстои толкова опустошителна градушка, каквато не била виждана в Египет от деня на неговото създаване и дал възможност на хората и животните на полето да се скрият. Предупредил ги предварително, че ако останат навън, ще загинат от градушката.

Някои служители на Фараона се уплашили от предупреждението и освободили слугите и животните, за да се скрият в къщите, но много други не ги било страх и не се притеснявали.

А който не обърна внимание на казаното от Господа, остави слугите и добитъка си по полето. (Изход 9:21)

На следващия ден Моисей вдигнал жезъла си към небето и Бог изпратил гръмотевица и градушка. Към земята се спуснал огън, който бързо унищожил хората, животните, дърветата и растенията на полето. Бедствието било страшно! Изход 9:31-32 гласи:

Ленът и ечемикът бяха съсипани, защото ечемикът беше на класове и ленът вързваше семе; но пшеницата и бялото жито оцеляха, защото бяха късни.

Следователно, пораженията били частични.

Всички земи на Египет пострадали много от огнената градушка, но нищо подобно не се случило в земята Гошен.

Духовното значение на напастта с градушка

Обикновено градушките падат без предварително известяване и не обхващат големи райони, а сравнително малки локални области.

Ето защо, напастта с градушка символизира големите неща, които се случват на едно място, но не във всички аспекти.

Огнената градушка поразила хората и животните. Реколтата на полето била унищожена и нямало храна. Това означава голяма загуба за богатството на един човек поради неочаквани инциденти.

Можем да изпитаме големи загуби заради пожар на работното място или в бизнеса. Членовете на семейството ни могат да се разболеят или да пострадат от катастрофа и грижите за тях може да ни струват цяло състояние.

Например, представете си един човек, който бил предан на Бога, но започнал толкова много да се съсредоточова върху бизнеса си, че няколко пъти пропуснал неделните служби. С течение на времето той напълно престанал да спазва Божия ден.

Поради тази причина Бог не може да го закриля и той е изправен пред голям проблем в работата, сблъсква се с неочаквана катастрофа или заболяване, които му струват скъпо. Подобни случаи означават напаст с градушка.

Повечето хора ценят богатството си, колкото собствения им живот. Според 1 Тимотей 6:10 сребролюбието е коренът на всякакви злини. Желанието за пари поражда убийства, кражби, похищения, насилие и много други престъпления. Понякога братята развалят отношенията си и съседите се карат заради пари. Материалните облаги също са главната причина за конфликтите между различни държави, които търсят повече земя и източници.

Дори и някои вярващи не могат да преодолеят изкушението на парите, не спазват свещен Божия ден или не плащат редовно десятък, не водят правилен християнски живот и се отдалечават все повече от спасението.

Градушката унищожава по-голяма част от храната и това наказание символизира големите поражения на човешките богатства, които хората считат за по-ценни от собствения им живот. Въпреки това, градушката пада само в ограничени области и те няма да загубят цялото си състояние.

Тук също можем да почувстваме любовта на Бога. Можем да се предадем и дори да се самоубием ако загубим цялото си богатство и всичко, което имаме. Ето защо, Бог поразява първо една част.

Макар и частична, загубата е достатъчно голяма и значителна, за да се осъзнаем. В частност, градушката, която паднала над Египет не представлявала само дребни парченца лед. Тя била доста едра и падала с висока скорост.

Дори и днес, новините гласят, че градушката с размери на топки за голф предизвикала голяма тревога и изненадала много хора. Градушката над Египет паднала чрез специалното дело на Бога и била съпроводена с огън. Това било ужасно събитие.

Напастта с градушка сполетяла хората, защото Фараонът трупал злина след злина. Ние също можем да бъдем подложени на тази напаст ако имаме закоравени и упорити сърца.

Напаст със скакалци

Фараонът накрая признал грешката си, след като дърветата и реколтата били поразени и животните и хората загинали заради градушката.

Тогава фараонът изпрати да повикат Моисей

и Аарон и им каза: Този път сгреших; Господ е праведен, а аз и народът ми сме нечестиви. (Изход 9:27)

Той се покаял забързано и помолил Моисей да спре градушката.

Помолете се на Господа, защото ми додея от тези ужасни гръмове и град; и аз ще ви пусна и няма вече да останете. (Изход 9:28)

Моисей знаел, че Фараонът все още не бил променил мнението си, но повдигнал ръце към небето, за да го накара да разбере за живия Бог и за това, че целият свят зависил от волята Му.

Както Моисей очаквал, Фараонът променил решението си веднага след спирането на дъжда, гръмотевицата и градушката. Той не се разкаял от дъното на сърцето си, а го закоравил отново и не пуснал на свобода израелтяните.

Служителите на Фараона също закоравили сърцата си. Моисей и Аарон им съобщили, че щяло да има напаст от скакалци, както Бог казал и ги предупредил, че тя щяла да бъде една от най-големите напасти, видяни дотогава в света.

Те ще покрият лицето на земята, така че да не може човек да види земята, и ще унищожат останалото, което оцелее, това, което ви остава

от градушката, и ще изядат всичките дървета,
които растат по полетата ви. (Изход 10:5)

Едва тогава служителите на Фараона се уплашили и
казали на своя цар: *„Пусни ги да послужат на Йехова, своя*
Бог. Още ли не знаеш, че Египет загива?" (Изход 10:7)

След тези думи Фараонът повикал отново Моисей и
Аарон. Според Моисей трябвало да отидат с младите и
старите, със синовете и дъщерите, с овцете и говедата, за да
отпразнуват празник за ГОСПОД. Фараонът отговорил, че
Моисей и Аарон имали лоши намерения и ги изгонил.

Накрая Бог позволил осмата напаст – напастта на
скакалците.

Тогава Господ каза на Моисей: Протегни ръката
си над Египетската земя, за да покрият скакалците
Египетската земя и да изядат цялата трева на
земята, всичко, което оцеля от градушката. (Изход
10:12)

Когато Моисей направил, каквото му казал Бог, Господ
изпратил източен вятър на земята през целия онзи ден
и цялата нощ и на сутринта източният вятър докарал
скакалците.

Скакалците били толкова многобройни, че земята
потъмняла от тях. Те изяли всички растения в Египет, които
оцелели след градушката и в страната не останало нищо

зелено.

Съгреших пред Йехова, вашия Бог, и пред вас. Но сега прости, моля, греха ми само този път и се помолете на Йехова, вашия Бог, само да отмахне от мене тази смърт. (Изход 10:16-17)

Фараонът веднага повикал Моисей и Аарон, когато осъзнал грешката си, за да се помоли да спре бедствието.

Моисей излязъл от двореца, за да се помоли на Господа и Бог докарал много силен западен вятър, който вдигнал скакалците и ги хвърлил в Червеното море. На цялата египетска земя не останал нито един скакалец. Въпреки това, дори и този път Фараонът закоравил сърцето си и не освободил израелтяните.

Духовното значение на напастта със скакалци

Един единствен скакалец представлява малко насекомо, но цял рояк от скакалци стават опустошителни. Само за един миг Египет бил почти унищожен от скакалците.

И скакалците се пръснаха по цялата Египетска земя и нападнаха по всички египетски предели; те бяха много страшни; преди това не е имало такива скакалци, нито ще има такива след тях. Защото покриха лицето на цялата земя, така че земята почерня, и изядоха цялата трева в страната и всички плодове на дърветата, които бяха оцелели от градушката; и по цялата Египетска земя не остана нищо зелено, било дърво или трева на полето. (Изход 10:14-15)

Дори и днес, ние можем да срещнем подобни рояци в Африка или в Индия. Скакалците могат да се простират до 40 км в ширина и 8 км в дълбочина. Стотици милиони от тях приижддат като облак и изяждат не само реколтата, но и всички растения и листа; те не оставят нищо зелено след себе си.

Все още имало оцеляла растителност след градушката. Пшеницата и лимецът не били унищожени, защото узряват по-късно. Освен това, някои служители на Фараона, които се страхували от Бога, оставили слугите и добитъка да се скрият в къщите и те също били спасени.

Скакалците може да не изглеждат толкова опасни, но пораженията от тях са много по-големи от тези от градушката. Те изяли всичко, което било оцеляло.

Следователно, напастта от скакалци се отнася за онези бедствия, които унищожават абсолютно всичко и отнемат цялото богатство и състояние на човека. Те са разрушителни не само за семействата, но и за работата и бизнеса.

За разлика от градушката, която ни причинява частични поражения, напастта от скакалци унищожава всичко и отнема цялото ни богатство. С други думи, хората напълно фалират финансово.

Например, заради фалит човек загубва цялото си богатство и трябва да бъде разделен от близките си. Може също да пострада от продължително заболяване и да остане без средства. Друг може да натрупа огромни дългове заради грешките на децата си.

Когато срещнат продължителни неприятности, някои хора могат да си помислят, че те са просто съвпадения, но съвпаденията не съществуват в очите на Бога. Има определена причина, за да понесем щети или да се разболеем.

Какво означава, когато вярващите са изправени пред подобни бедствия? Те трябва да познават Божията воля и да спазват Божието слово, когато го чуят. Не могат да бъдат спасени от епидемиите ако продължават да съгрешават като невярващите.

Бог ще отвърне от тях лицето Си ако не се осъзнаят, когато неколкократно им представя знаменията. Тогава болестта може да стане смъртоносна или да се появят циреи. По-късно те ще срещнат нещастия като наказанието с градушка или скакалци.

Мъдрите ще разберат, че Божията любов е тази, която им позволява да осъзнаят грешките си, когато срещнат изпитания. Те бързо ще се покаят и ще избегнат по-големи нещастия.

Ето една история по реален случай. Един човек изпитвал големи трудности, защото някога разгневил Бога. В дома му избухнал пожар и той натрупал големи дългове. Съпругата му не успяла да понесе натиска на кредиторите и се опитала да се самоубие. По това време те научили за Бога и започнали да ходят на църква.

След консултацията с мен започнаха да се молят, да спазват Божието слово и да удовлетворяват Бога с доброволна работа в църквата. Проблемите им се разрешиха един по един, изплатиха всичките си задължения и вече не са подложени на тормоза на кредиторите. Успяха дори да построят търговска сграда и да си купят къща.

Въпреки всичко, те промениха сърцата си след като разрешиха проблемите и след като бяха благословени. Забравиха Божието милосърдие и отново започнаха да живеят като невярващите.

Един ден сградата, която беше собственост на мъжа, се срина заради наводнение. След това избухна втори пожар и той загуби всичките си финансови средства. Те отново натрупаха огромни задължения и трябваше да се завърнат в своя роден дом в провинцията, но съпругът се разболя от диабет с всички съпътстващи го усложнения.

Подобно на тази история, трябва да се изправим пред Бога със смирени сърца ако сме загубили всичко и сме опитали всички средства според нашите знания и умения.

Ще възстановим притежанията си ако спазваме Божието слово, ако се разкаем за греховете си и се откажем от тях.

Богът на любовта, който не пречупва смачканата тръстика, ще ни прости и ще ни възстанови ако притежаваме вярата да застанем пред Бога и да оставим всичко в ръцете Му. Бог ще ни ръководи отново към успеха и ще ни даде много благословии ако се откажем от злото и живеем в светлината.

Глава 6

Напасти с тъмнина
и със смъртта на първородните

Изход 10:22-12:36

„Моисей протегна ръката си към небето; и настана гъста тъмнина по цялата Египетска земя за три дни. Хората не се виждаха един друг и за три дни никой не можа да помръдне от мястото си, но в жилищата на всички израелтяни беше светло." (10:22-23)

„Посреднощ Господ порази всяко първородно същество в Египетската земя – от първородния на фараона, който седеше на престола си, до първородния на пленника, който беше в затвора, както и всяко първородно от добитъка. И фараонът стана през нощта, той и всичките му служители, и всички египтяни; и се понесе голям писък в Египет, защото нямаше къща без мъртвец" (12:29-30).

В Библията можем да видим, че много хора се разкайват пред Бога и получават помощта Му след като срещнат трудности.

Бог изпратил Своя пророк при Цар Езекия на Юдейските царство и казал: „Ти трябва да умреш, а не да живееш." Царят се молил страстно със сълзи и животът му бил продължен.

Ниневия била столицата на Асирия, която била враждебно настроена към Израел. Когато хората там чули Божието слово чрез Неговия пророк, те напълно се разкаяли за греховете и не били унищожени.

По същия начин, Бог е милостив към онези, които се отказват от греха. Той търси хората, които копнеят за милосърдието Му и им дава повече благоволение.

Фараонът страдал от различни напасти заради своето зло, но той не се отказал до края. Колкото повече закоравявал сърцето си, толкова по-големи ставали напастите.

Напаст с тъмнина

Някои хора казват, че те не могат да си позволят да загубят и вярват в собствените си сили. Фараонът бил такъв тип човек. Той считал себе си за бог и затова не искал да признае Господа.

Той не освободил израелтяните дори и след като видял

унищожението на цялата египетска земя и действал сякаш
се състезавал с Бога. Тогава Бог позволил наказанието с
тъмнината.

*Моисей протегна ръката си към небето; и
настана гъста тъмнина по цялата Египетска земя
за три дни. Хората не се виждаха един друг и за
три дни никой не можа да помръдне от мястото
си, но в жилищата на всички израелтяни беше
светло. (Изход 10:22-23)*

Тъмнината била толкова гъста, че хората не се виждали
помежду си. В продължение на три дни никой не можел да
се помръдне от мястото си. Как бихме могли да изразим
до каква степен изпитвали страх и неудобство хората в
продължение на три дни?

Гъстата тъмнина покрила цялата египетска земя и хората
трябвало да вървят слепешком, но на земята Гошен било
светло и израелтяните имали светлина в къщите си.

Фараонът съобщил на Моисей, че щял да освободи
израелтяните. Той му казал да оставят овцете и говедата
и да вземат само синовете и дъщерите. В действителност
намерението му било да задържи израелтяните.

Според Моисей трябвало вземат и добитъка, за да
пожертват на Господа и не могли да оставят нито едно
животно, защото не знаели кое ще пожертват да извършат
жертвоприношения и всеизгаряния.

Фараонът отново се разгневил и дори заплашил Моисей: *„Махни се от мене; не искам повече да виждаш лицето ми, защото в деня, когато видиш лицето ми, ще умреш!"* (Изход 10:28).

Моисей смело отговорил: „Право казваш; Няма да видя вече лицето ти!" и продължил пътя си.

Духовното значение на напастта с тъмнина

Духовното значение на напастта с тъмнина е духовният мрак, предшестващ смъртта.

Такъв е случаят, когато заболяването е станало толкова сериозно, че човек не може да се възстанови. Този вид наказание сполетява хората, които не се разкайват дори и след като загубят цялото си богатство, което за тях е по-ценно от живота им.

Да седиш на прага на смъртта означава да седиш на ръба на пропаст в пълна тъмнина и без никакъв изход от ситуацията. В духовен смисъл, човек е лишен от благословии и завършва духовния си живот, защото е пренебрегнал Бога и напълно е изоставил вярата си. Въпреки това, Бог все още е милостив към него и не отнема живота му.

Невярващите хора могат да изпаднат в подобно положение, защото все още не са приели Бога, макар и да са пострадали от различни бедствия. Вярващите страдат от затруднения, когато не спазват Божието слово, а трупат злини след злини.

Често можем да срещнем хора, които са похарчили цяло състояние, за да се излекуват от заболявания, но все още очакват смъртта. Тези хора са поразени от наказанието с тъмнината.

Те страдат също от невротични проблеми като депресия, безсъние и нервни кризи. Чувстват се безсилни и не могат да преодолеят затрудненията си в ежедневието.

Бог е милостив към тях и отнема нещастията им ако се осъзнаят, ако се покаят и се откажат от злото в себе си.

В случая с Фараона, той закоравил сърцето си още повече, за да се противопостави на Бога до края. Някои упорити хора никога не се обръщат към Бога независимо от сложността на ситуацията. Те не искат да се разкаят пред Бога, когато те или членовете на семействата им се разболеят от тежки болести, загубят цялото си състояние и животът им е в опасност.

Ще бъде наложено смъртното наказание ако изпитваме множество бедствия и продължаваме да се противопоставяме на Бога.

Напаст със смъртта на първородните

Бог казал на Моисей какво ще последва в Изход.

Още една напаст ще нанеса на фараона и на Египет, след което той ще ви пусне оттук; но когато ви пусне, ще ви пропъди окончателно оттук. И така, кажи на народа и нека всеки израелтянин поиска от съседа си и всяка израелтянка от съседката си сребърни и златни вещи. (Изход 11:1-2)

С риск за живота си, Моисей се изправил отново пред Фараона, за да предаде Божията воля.

И всеки първороден в Египетската земя ще умре – от първородния на фараона, който седи на престола си, до първородния на слугинята, която мели с ръчната мелница, и до всяко първородно от добитъка. И по цялата Египетска земя ще се нададе голям писък, какъвто никога не е имало, нито ще има вече такъв. (Изход 11:5-6)

Както било предсказано, през нощта загинали всички първордони – първородният на Фараона и първородните на неговите служители и на всичкия добитък в Египет.

В страната се надал голям писък, защото нито една къща не се спасила от смъртта на първородните. Фараонът останал със закоравено сърце до самия край и не се отказал от греховете, затова ги сполетяло смъртното наказание.

Духовното значение на напастта със смъртта на първородните

Напастта със смъртта на първородните се отнася до ситуацията, в която самите ние, нашите любими, децата ни или някой близък умре или тръгне по пътя на унищожението без да има възможност да се спаси.

В Библията също можем да срещнем подобни случаи. Саул, първият цар на Израел, не спазил Божието слово, казвайки му да унищожи всичко в Амалек. Освен това, той показал своята арогантност като принесъл самия себе си в жертва на Бога – нещо, което могат да правят само свещениците и накрая бил забравен от Бога.

Вместо да осъзнае греховете си и да се покае, той се опитал да убие своя предан служител Давид. Все повече се убеждавал, че Давид ще въстане срещу него, когато хората го последват.

Дори и когато свирил на арфа за него, Саул хвърлил копието си, за да го убие. Освен това, той наредил на Давид да участва в непосилна за него битка и изпратил своите войници в къщата му, за да го убият.

Той убил Божиите свещеници, само защото помогнали на Давид и натрупал множество злини. Застигнала го злочеста смърт и се самоубил със собствените си ръце.

Какво да кажем за свещеника Илий и синовете му? Илий бил свещеник в Израел по времето на съдиите и давал добър пример, но синовете му Офний и Финеес били безполезни хора, които не познавали Бог (1 Царе 2:12).

Те също служили на Бога като своя баща, но презирали даренията за Господ. Опитвали от месото преди да бъде принесено в жертва на Бога и дори лежали с жените, които слугували при входа на шатъра за срещане.

Родителите трябва да наставляват децата си ако тръгнат по грешен път и да вземат по-строги мерки ако не слушат. Това е задължението и истинската любов на родителите. Свещеникът Илий само отговорил: „Защо правите такива неща? Не."

Синовете му не се отказали от греховете и семейството му било проклнато. Двамата му сина загинали в битка.

Когато чул новината за смъртта им, Илий паднал от стола, счупил врата си и издъхнал. Също така, снаха му получила удар по време на ранно раждане и умряла.

От тези случаи можем да разберем, че проклятията или трагичната смърт не се случват безпричинно.

Смъртта очаква нас или близките ни ако не спазваме Божието слово. Някои хора се завръщат към Бога едва след като видят подобна смърт.

Не можем да бъдем спасени ако продължаваме да съгрешаваме дори и след напастта със смъртта на първородните и това е най-голямото бедствие. Следователно, трябва да се покаете за греховете преди да ви сполетят напасти и преди да е станало прекалено късно.

Фараонът признал Бога уплашен и освободил израелтяните едва след като пострадал от всички десет напасти.

Тогава фараонът повика Моисей и Аарон през нощта и каза: Станете и вие, и израелтяните, излезте изсред народа ми и идете, послужете на Йехова, както поискахте, подкарайте и овцете, и стадата си, както поискахте, и идете, и благословете и мен. (Изход 12:31-32)

Чрез десетте напасти Фараонът ясно разкрил закоравялото си сърце и бил принуден да освободи израелтяните, но скоро съжалил за това и променил решението си. Той събрал цялата си войска и всички египетски колесници и преследвал израелтяните.

Затова фараонът впрегна колесницата си и събра войската си при себе си; взе и шестстотин бойни колесници, както и всички египетски колесници, с началници над всичките. И Господ закорави сърцето на египетския цар фараон, така че той преследваше израелтяните (защото израелтяните бяха излезли с дръзновение оттам. (Изход 14:6-8)

Той се предал на Бога след като изпитал смъртта на първородните, но скоро съжалил за това, че освободил израелтяните и събрал войската си, за да ги преследва. Тук можем да разберем колко закоравяло и коварно може да бъде човешкото сърце. Накрая Бог не му простил и нямал друг избор освен да го остави да загине във водите на Червено море.

Тогава Господ каза на Моисей: Протегни ръката си над морето, за да се върнат водите върху египтяните, върху колесниците им и върху конниците им. И така, Моисей протегна ръката си над морето и призори морето се върна на мястото си; а като бягаха египтяните пред него, Господ помете египтяните сред морето. Защото водите се върнаха на мястото си и покриха колесниците, конниците и цялата фараонова войска, която беше влязла след тях в морето; не остана нито един войник от тях. (Изход 14:26-28)

Дори и в днешно време, злите хора се молят за милосърдие, когато са затруднени и отново се завръщат към порока след като го получат. Накрая ги очаква смърт ако продължават да съгрешават.

Живот в непослушание и живот в послушание

Трябва ясно да разберем едно нещо; трябва да живеем

праведно, когато съгрешим и осъзнаем грешката си, а не да продължаваме да съгрешаваме.

1 Петрово 5:8-9 гласи: „*Бъдете трезвени, будни. Противникът ви, дяволът, обикаля като ревящ лъв, като търси кого да погълне. Съпротивете му се, като стоите твърди във вярата, като знаете, че същите страдания се понасят и от братята ви по целия свят.*"

1 Йоаново 5:18 също гласи: „*Знаем, че всеки, който е роден от Бога, не съгрешава; но онзи, който се е родил от Бога, пази себе си и лукавият не се докосва до него.*"

Следователно, ако живеем праведно и не съгрешаваме, Бог ще ни закриля със Своите блестящи очи и няма да има от какво да се притесняваме.

Можем да срещнем много хора около нас, които изпитват затруднения без да осъзнават причината за тях. Можем да видим също и някои вярващи, които са изправени пред проблеми.

Някои хора са поразени с напаст с кръв или мушици, други с напаст от градушка или скакалци. Някои са наказани чрез смъртта на първородните и по-нататък се натъкват на напастта с водното погребение.

Следователно, не трябва да водим живот на непослушание като Фараона, а да спазваме словото, за да не срещаме тези напасти.

Дори и да се намираме в ситуация, в която не можем да

избегнем напастта от смърт на първородните или напастта на тъмнината, може да бъдем простени ако веднага се откажем от греховете. Подобно на Египетската армия, която била удавена в Червено море, ще стане прекалено късно ако се забавим по-дълго и не се откажем от порока.

За живота в
послушание

„Ако слушаш добре гласа на Господа, твоя Бог, и
старателно изпълняваш всички Негови заповеди,
които днес ти заповядвам, тогава Господ, твоят Бог,
ще те издигне над всички племена на света. И всички
тези благословения ще дойдат върху теб и ще те
придружават, ако слушаш гласа на Господа, твоя
Бог. Благословен ще бъдеш в града и благословен ще
бъдеш на полето. Благословено ще бъде роденото
от тебе, плодът на земята ти и роденото от добитъка
ти, малките на говедата ти и овцете ти; благословени
кошът ти и нощвите ти. Благословен ще бъдеш при
влизането си и благословен ще бъдеш при излизането
си през градската порта."
(Второзаконие 28:1-6).

Глава 7

Пасхата и Пътят към спасението

Изход 12:1-28

„Тогава Господ каза на Моисей и Аарон в
Египетската земя: Този ще ви бъде началният
месец; ще ви бъде първият месец на годината.
Говорете на цялото Израелево общество, като им
кажете да си вземат, на десетия ден от този
месец, всеки по едно агне, според броя на
семействата, по едно агне за всяко семейство" (1-3).
„И да го пазите до четиринадесетия ден от същия
месец; тогава цялото общество на израелтяните,
събрани в домовете си, да го заколят привечер.
После нека вземат от кръвта и сложат на двата
стълба и на горния праг на вратата на къщите,
където ще го ядат. През същата нощ нека ядат
месото, печено на огън; с безквасен хляб и с горчиви
треви да го ядат. Да не ядете от него сурово, нито
варено във вода, а изпечено на огън, с главата му,
краката му и дреболиите му. И да не оставите
нищо от него до сутринта; ако остане нещо до
сутринта, изгорете го в огън. И така да го ядете:
препасани през кръста си, с обувките на краката си
и тоягите в ръцете си; и да го ядете набързо,
защото е Пасхата на Йехова" (6-11).

Фараонът и неговите служители продължавали да не спазват Божието слово.

В резултат на това имало бедствия в цялата земя на Египет. Те не спазвали словото и се разболели от множество болести, загубили състоянието и живота си.

От друга страна, макар и да живели в същата страна на Египет, избраните хора на Израел не пострадали от напастите.

Израелтяните не загубили нито един човек, когато Египет бил поразен с последната напаст, защото Бог им показал пътя към спасението.

Това се отнася не само за израелтяните преди много хиляди години, а и за нашето съвремие.

Как да избегнем напастта от смъртта на първородните

Преди да настъпи бедствието чрез смъртта на първородните, Бог казал на израелтяните как да го избегнат.

Говорете на цялото Израелево общество, като им кажете да си вземат, на десетия ден от този месец, всеки по едно агне, според броя на семействата, по едно агне за всяко семейство. (Изход 12:3)

От наказанието с кръв до наказанието с тъмнина, Бог закрилял израелтяните със Своята сила, макар и те самите да не правили нищо. Непосредствено преди последната напаст, Бог поискал акт на подчинение от тяхна страна.

Трябвало да вземат едно агне и да сложат от кръвта му на двата стълба и на горния праг на вратата на къщите, след това да го изядат печено на огън. По този начин щели да се разпознават Божиите хора, когато Бог убивал всички първордони на хората и на животните в Египет.

Последната напаст пропуснала къщите, които имали кръв от агнето и евреите все още отбелязват този ден като ден на Пасхата, когато били спасени.

В днешно време Пасхата е един от най-големите празници за евреите. Те честват този ден като ядат агнешко, безквасен хляб и горчиви треви. Тази тема е обяснена по-подробно в Глава 8.

Вземете агне

Бог им казал да вземат агне, защото агнето в духовен смисъл символизира Исус Христос.

Като цяло, хората, които вярват в Бога, са наречени Неговото „стадо." Много хора мислят, че „агнето" означава „нововярващ," но в Библията можем да видим, че „агнето" се отнася за Исус Христос.

В Йоан 1:29, Йоан Кръстител посочил Исус и казал:

„*Ето Божия Агнец, Който поема греха на света!*" 1 Петрово 1:18-19 гласи: „*Като знаете, че не с преходни неща – сребро или злато, сте изкупени от суетния живот, предаден ви от бащите ви, а със скъпоценната кръв на Христос, като на агнец – без недостатък и пречист.*"

Характерът и делата на Исус напомнят за смирено агне. Матей 12:19-20 също гласи: „*Няма да се скара, нито да извика, нито ще чуе някой гласа Му по площадите. Смазана тръстика няма да пречупи и замъждял фитил няма да угаси, докато изведе правосъдието към победа.*"

Така, както стадото чува само гласа на своя пастир и го следва, Исус се подчинявал на Бога с думите „Да" и „Амин" (Откровение 3:14). До смъртта Си на кръста, Той искал да изпълнява Божията воля (Лука 22:42).

Агнето ни осигурява мека кожа, хранително мляко и месо. По подобен начин, Исус също бил отдаден като изкупителна жертва, за да ни помири с Бога като пролял на кръста цялата си кръв и вода.

Ето защо, на много места в Библията Исус е сравнен с агнето. Когато Бог обяснявал на израелтяните обичая на Пасхата, Той им дал също подробни обяснения как да разпределят агнето.

Но ако членовете на семейството са малко за

агнето, тогава домакинът нека да покани най-близкия до къщата му съсед, като се съобразите с броя на хората; пресметнете за агнето според онова, което всеки може да изяде. Агнето или ярето ви нека бъде без недостатък, едногодишно мъжко; от овцете или от козите да го вземете. (Изход 12:4-5)

Позволено било да вземат агнето или ярето от овцете или от козите, за да го споделят с най-близките до къщата ако били прекалено бедни или в семейството нямало достатъчно хора, за да изядат цяло агне. Можем да видим нежната любов на Бога, който е щедър в състраданието Си.

Причината, заради която Бог им казал да вземат едногодишно мъжко агне или яре без недостатък е, защото неговото месо е най-вкусно на тази възраст преди да започне да се чифтосва. Освен това, както е и случаят с хората, това е периодът на младостта, когато сме най-красиви и чисти.

Бог е свят, чист и непорочен и затова им казал да вземат агнето, което било най-хубаво на едногодишна възраст.

Сложете кръв и не излизайте навън до сутринта

Бог им казал да изберат агнето според броя на членовете в семейството. В Изход 12:6 виждаме, че те не трябвало да убиват веднага агнето, а в навечерието на четвъртия ден. Бог им дал време да се подготвят за това от все сърце.

Защо Бог им казал да го убият в навечерието?

Развитието на човечеството, което започнало с неподчинението на Адам, може общо да се раздели на три части. От времето на Адам до времето на Авраам изминали около 2,000 години и този период от време представлява началният етап на човешката култивация. Това е периодът на сутринта ако го съпоставим с период от един ден.

Сле това, Бог посочил Авраам за баща на вярата и от времето на Авраам до идването на Исус на земята също изминали около 2,000 години. Това е периодът на деня.

От времето, когато Исус дошъл на земята до днешно време са изминали около 2,000 години. Това е краят на човешкото развитие и периодът на вечерта (1 Йоаново 2:18; Юда 1:18; Евреи 1:2; 1 Петрово 1:5; 20).

Времето, когато Исус дошъл на земята и ни освободил от греховете чрез смъртта си на кръста, принадлежи на последната ера от развитието на човечеството и затова Бог им казал да убият агнето вечерта, а не през деня.

Хората трябвало да сложат от кръвта на агнето на двата стълба и на горния праг на вратата на къщите (Изход 12:7). Кръвта на агнето в духовен смисъл се отнася за кръвта на Исус Христос. Бог им казал да сложат кръвта на двата стълба и на горния праг на вратата на къщите, защото ние сме спасени чрез кръвта на Исус. Чрез проливане на кръвта Си и Своята смърт на кръста, Исус ни освободил от греховете и спасил живота ни; това е духовното значение на този стих.

Свещената кръв ни спасила от греховете и затова не трябвало да я оставят на прага, на който стъпват, а на двата стълба и на горния праг.

Исус казал: „Аз съм вратата; ако някой влезе през Мене, ще бъде спасен и ще влиза, и ще излиза, и паша ще намира." (Йоан 10:9). Както било записано, в навечерието на наказанието чрез смъртта на първородните, всички къщи, в които нямало кръв пострадали, а къщите, които имали кръв на горните прагове, били спасени.

Дори и да сложили кръв от агнето, те не трябвало да излизат навън, за да бъдат спасени (Изход 12:22). Ако напуснели къщата, това означавало, че не спазвали Божията повеля и трябвало да бъдат наказани чрез смъртта на първородните.

В духовен смисъл излизането от къщата символизира тъмнината, която нямала нищо общо с Бога. Това бил светът на неистините. По същия начин в днешно време, дори и да приемем Господ, не можем да бъдем спасени ако Го напуснем.

Изпечете агнето и го изяжте цялото

В египетските къщи имало смърт и се чували плачове. Започвайки от Фараона, който изобщо не се страхувал от Бога дори и след като станал свидетел на толкова много мощни дела на Бога, които видели египтяните, голям писък пронизал тишината в дълбоката нощ.

Израелтяните изобщо не напуснали къщите си до сутринта и изяли агнето според Божието слово. Защо трябвало да изядат агнешкото месо късно вечерта? Това има дълбоко духовно значение.

Преди Адам да опита от дървото на знанието на доброто и злото, той живял под контрола на Бога, който е светлина, но след това не се подчинил, опитал от плодовете на дървото и станал слуга на греха. Поради тази причина, всичките му потомци, цялото човечество, попаднали под контрола на врага-дявол и Сатаната, управителят на тъмнината. Следователно, този свят е свят на тъмнината или нощта.

Така, както израелтяните трябвало да ядат агнето късно вечерта, ние хората, които живеем духовно в света на тъмнината, трябва да ядем от плътта на Сина на хората, което е Божието слово – Светлината и да пием кръвта Му, за да получим спасение. Бог им казал подробно как да ядат агнето. Те трябвало да го ядат с безквасен хляб и с горчиви треви (Изход 12:8).

Маята представлява вид гъба, която се използва, за да се надуе хляба. Храната ферментира от нея, за да стане по-вкусна и крехка. Хлябът без мая не е толкова вкусен, колкото хляба с мая.

В очаяната ситуация на живот или смърт, Бог им позволил да изядат агнето с по-малко вкусен безквасен хляб и с горчиви треви, за да запомнят този ден.

В духовен смисъл маята се отнася за греховете и злото. Яденето на безквасен хляб без мая означава да отстраним греха и злото, за да получим спасението с живот.

Бог им казал също така да изпекат агнето на огън, да не го ядат сурово или сварено във вода и да го ядат цялото – главата, краката и дреболиите (Изход 12:9).

В този случай, да го ядат сурово означавало да възприемат буквално Божието слово.

Например, Матей 6:6 гласи: „А ти, когато се молиш, влез във вътрешната си стаичка и като си затвориш вратата, помоли се на своя Отец, Който е в тайно; и твоят Отец, Който вижда в тайно, ще ти въздаде наяве.“ Буквалното тълкуване на този стих означава да влезем в една вътрешна стая, да затворим вратата и да се молим. Въпреки това, никъде в Библията не можем да срещнем хора, които се молят във вътрешна стая със затворена врата.

В духовен смисъл „влез във вътрешната си стаичка, когато се молиш" означава, че не трябва да имаме блуждаещи мисли, а да се молим от все сърце.

Според нашия начин на хранене, ако ядем сурово месо, можем да получим инфекции от паразити или да ни заболи стомахът. Буквалното тълкуване на Божието слово би довело до недоразумения и проблеми. Тогава не можем да имаме духовна вяра и се отдалечаваме още повече от спасението.

„Да го варим във вода" означава „да добавим повече философия, наука, медицински познания или човешки разсъждения към Божието слово. Ако сварим месото във вода, соковете на месото ще излязат навън и ще има голяма загуба на хранителни вещества. По същия начин, ако добавим познанията от този свят към словото на истината, можем да имаме известна вяра като познание, но не можем да притежаваме духовна вяра. Следователно, тя не ни води към спасение.

Какво означава да изпечем месото върху огън?

Тук, „огън" означава „огънят на Светия дух." Божието слово било записано с вдъхновението на Светия дух и следователно, когато го слушаме и четем, ние трябва да го изпълняваме изцяло. В противен случай, то ще се превърне само в познание и ние не можем да го получим като духовен хляб.

Трябва страстно да се молим, за да можем да се храним с Божието слово, изпечено на огън. Молитвата е като масло и тя е източникът, за да получим пълнотата на Светия дух.

Божието слово ще бъде по-сладко от меда, когато се храним с него с вдъхновението на Светия дух. Това означава да го слушаме с жадно сърце, както сърната търси воден поток. По този начин оценяваме времето, когато слушаме Божието слово и никога няма да го намерим за скучно.

Вероятно няма да разберем словото ако го възприемаме с нашия начин на мислене или с опита и познанието, които имаме.

Например, Бог ни казва, ако някой удари бузата ни, да му обърнем и другата, ако някой иска да ни вземе ризата, да му оставим и горната дреха, ако ни принуди да вървим с него една миля, да идем с него две. Освен това, много хора считат за правилно да се търси възмездие, но Бог ни казва да обичаме враговете си, да се смирим и да служим на другите (Матей 5:39-44).

Ето защо трябва да преустановим мислите си и да възприемем Божието слово само с вдъхновението на Светия дух. Само тогава Божието слово ще стане нашия живот и сила и ние ще бъдем способни да отхвърлим неистините, за да бъдем ръководени по пътя към вечния живот.

Месото обикновено е по-вкусно, когато го печем на огън и това е начин за предпазване от инфекции. По същия начин, врагът дявол и Сатаната не могат да действат на хората, които поемат духовно Божието слово с усещането, че то е по-сладко от меда.

По-нататък, Бог им казал да изядат главата, краката и дреболиите. Това означава, че ние трябва да прочетем всички 66 книги от Библията без да пропуснем нито една от тях.

Библията съдържа произхода на творението и провидението за развитие на човечеството. Освен това, тя съдържа начините, за да станем истински Божии деца. Тя съдържа провидението за спасението, което било скрито преди да започне времето и отразява Божията воля.

Следователно, „да изядем главата, краката и дреболиите" означава, че трябва да прочетем цялата Библия – от Книгата Битие до Книгата Откровение.

Да не оставите нищо от него до сутринта, яжте бързо

Хората на Израел изяли агнето изпечено на огън в къщите им и не оставили нищо до сутринта, защото Изход 12:10 гласи: „И да не оставите нищо от него до сутринта; ако остане нещо до сутринта, изгорете го в огън."

„Сутринта" е времето, когато тъмнината си отива и настъпва светлината. В духовен смисъл тя се отнася за второто пришествие на Господа. Ние не можем да приготвим маслото си след като се завърне (Матей 25:1-13), затова трябва да приемем словото съвестно и да го спазваме преди завръщането на Господ Исус.

Също така, хората могат да живеят само 70 или 80 години и ние не знаем кога ще завърши живота ни. Ето защо, винаги трябва да спазваме старателно Божието слово по всяко време.

Израелтяните трябвало да напуснат Египет след наказанието чрез смъртта на първородните и затова Бог им казал да ядат бързо.

И така да го ядете: препасани през кръста си, с обувките на краката си и тоягите в ръцете си; и да го ядете набързо, защото е Пасхата на Йехова. (Изход 12:11)

Това означава, че те трябвало да бъдат готови да си тръгнат с всичките дрехи и обувки. Да бъдат препасани през кръста и с обувките на краката си означава, че трябвало да бъдат абсолютно подготвени.

Ние също трябва винаги да бъдем будни и готови, за да можем да получим спасение чрез Исус Христос на този свят, подобен на Египет, който бил изпълнен с болки и за да влезем в небесното царство, което наподобява Обещаната Ханаанска земя.

Също така Бог им казал да бъдат с тояги в ръцете си, а „тоягата" символизира вярата. За нас ще бъде по-безопасно и по-лесно да вървим или да се изкачваме по планината ако имаме тояга в ръцете си, за да не паднем.

Причината, заради която Моисей получил тоягата била, че той не приел Светия дух в сърцето си. Бог дал на Моисей жезъла, който в духовен смисъл символизира вярата. По този начин израелтяните изпитали Божията сила и било осъществено излизането от Египет.

Дори и днес, ние трябва да притежаваме духовна вяра, за да влезем във вечното небесно царство. Можем да получим спасение само ако вярваме в Господ Исус Христос, който умрял на кръста без нито един грях и възкръснал. Можем да бъдем напълно спасени само ако спазваме Божието слово като ядем от плътта на Господ и пием от кръвта Му.

Днес повече от всякога е по-близо времето на Божието завръщане. Ето защо, трябва да спазваме словото Му и да се молим страстно, за да можем винаги да печелим битките срещу силите на тъмнината.

Затова вземете Божието всеоръжие, за да можете да противостоите в злия ден и като надвиете на всичко, да устоите. И така, стойте препасани с истина през кръста си и облечени в правдата за бронен нагръдник; и с краката си обути с готовност чрез благовестието на мира. А освен всичко това вземете вярата за щит, с който ще можете да угасите всички огнени стрели на нечестивия; вземете също за шлем спасението и меча на Духа, който е Божието слово. (6:13-17)

Глава 8

Обрязване и Свето причастие

Изход 12:43-51

„И Господ каза на Моисей и Аарон: Ето закона за Пасхата: Никой чужденец да не яде от нея." *(43)*

„Но никой необрязан не бива да яде от нея." *(48)*

„Един закон ще има за местния жител и за чужденеца, който е заселник между вас." *(49)*

„И така, в същия онзи ден Господ изведе израелтяните от Египетската земя според подразделенията на тяхното войнство." *(51)*

Честването на Пасхата се спазва от най-древните времена на света – повече от 3,500 години. Този празник бил в основата на установяването на държавата Израел.

Пасхата е פסח (Pesach) на еврейски език и както гласи наименованието, тя означава да подминеш или да простиш нещо. Сянката на тъмнината подминала къщите на Израел, чиито прагове и стълбове били покрити с кръвта на агнето, докато Египет бил нападнат от напастта на смъртта на първородните.

Дори и в днешно време по време на Пасхата в Израел чистят къщите и отстраняват подквасения хляб. Включително и малките деца търсят под леглата или зад мебелите с фенерчета за всякакви следи от подквасен хляб, за да го премахнат и всяко семейство се храни според правилата на празника. Главата на семейството напомня честването на Пасхата и те празнуват Изхода.

„Защо тази вечер ядем Matzo (безквасен хляб)?"

„Защо тази вечер ядем Maror (горчиви треви)?"

„Защо ядем магданоз след като сме го потопили два пъти в солена вода? Защо ядем горчиви треви с Harosheth (Сладко с червен цвят, което символизира изпичането на тухлите в Египет)?"

„Защо лягаме и ядем храната на Пасхата?"

Водачът на церемонията обяснява, че се налагало да ядат безквасен хляб, за да напуснат бързо Египет. Също така, трябвало да ядат горчиви треви, за да си спомнят за страданията от робството в Египет и магданоз, потопен два пъти в солена вода, за да не забравят сълзите, които пролели.

В днешно време бащите им вече са освободени от робството, но те се хранят полегнали, за да изразят свободата и радостта от факта, че могат да се облегнат докато се хранят. Когато лидерът разказва историите за десетте напасти в Египет, всеки член на семейството задържа малко вино в устата си докато се изреждат имената на напастите и след това го изплюва в отделен съд.

Пасхата се случила преди 3,500 години, но чрез храната по време на празника, дори и децата днес имат възможност да изпитат Изхода. Евреите продължават да отбелязват този празник, който Бог установил преди хиляди години.

В това се състои силата на Диаспора, именно силата на евреите, които били пръснати по света, да се съберат заедно и да изградят отново държавата си.

Изисквания за участниците в Пасхата

Вечерта, в която Египет бил поразен от бедствието на смъртта на първородните, израелтяните били спасени от смъртта, защото спазили Божието слово. Въпреки това, имало определени изисквания, за да участват в Пасхата.

И Господ каза на Моисей и Аарон: Ето закона за Пасхата: Никой чужденец да не яде от нея; обаче всеки роб, купен с пари, да яде от нея, след като бъде обрязан. Никой пришълец или наемник да не яде от нея. Вътре в къщата да бъде изядено агнето; от месото да не изнасяте вън от къщи и кост от него да не строшите. Цялото общество израелтяни да я пазят. И ако някой чужденец живее като заселник между теб и поиска да пази Пасхата на Господа, нека се обрежат всичките му мъжки представители и тогава нека да я спазва; той ще бъде като местен жител. Но никой необрязан не бива да яде от нея. Един закон ще има за местния жител и за чужденеца, който е заселник между вас. (Изход 12:43-49)

Само обрязаните хора имали право да ядат от храната на Пасхата, защото обрязването е решаващ процес в живота и в духовен смисъл е свързано със спасението.

Обрязването представлява отстраняване на част или на цялата предна кожа (препуциум) на пениса и се извършва на осмия ден след раждането на всички бебета от мъжки пол в Израел.

Битие 17:9-10 гласи: „*Бог каза още на Авраам: Пази завета Ми, ти и потомците ти след тебе, през всичките си поколения. Ето Моя завет, който трябва да пазите между Мен и вас и потомците ти след тебе: всеки между вас от мъжки пол да се обрязва."*

Когато Бог казал Своите условия за благословиите на Авраам, бащата на вярата, Той го помолил да изпълни обрязването. Мъжете, които не били обрязани, не могли да получат благословиите.

Да обрязвате краекожието на плътта си; и това ще бъде знак на завета между Мен и вас. Всяко мъжко дете между вас във всичките ви поколения, като стане на осем дни, трябва да се обрязва – както роденото в дома ти, така и онова, което не е от твоето потомство, купено с пари от някой чужденец. Непременно трябва да се обрязва и роденият в дома ти, и купеният с парите ти; и Моят завет в плътта ви ще бъде вечен завет. А необрязаният от мъжки пол, чието краекожие на плътта не е обрязано, този човек ще бъде погубен измежду своя народ, защото е нарушил завета Ми. (Битие 17:11-14)

Защо Бог им заповядал да се обрежат на осмия ден?

За новороденото не е лесно да се приспособи към външния свят, който е много различен от майчината утроба, където се е намирало девет месеца. Клетките са слаби, но след седем дни, те свикват с новата обстановка, макар и все още да не са активни.

Болката е минимална и раната бързо зараства ако предната кожа бъде отрязана по това време. Би било много болезнено, когато човек порасне.

Бог поставил условие на израелтяните да извършват обрязването на осмия ден след раждането на бебето, което било хигиенично и добре за растежа му.

Обрязването е пряко свързано с живота

Изход 4:24-26 гласи: *„А по пътя в една странноприемница Господ посрещна Моисей и искаше да го умъртви. Тогава Сепфора взе кремък и обряза краекожието на сина си, допря го до краката на Моисей и каза: Наистина ти си ми кървав младоженец. След това Господ се оттегли от него. Тогава тя каза поради обрязването: Ти си ми кървав младоженец."*

Защо Бог искал да умъртви Моисей?

Можем да разберем това ако проследим раждането и израстването на Моисей. По онова време, за да бъдат унищожени напълно израелтяните, била издадена заповед за убиването на всички новородени евреи от мъжки пол.

Майката на Моисей го скрила. Сложила го в плетена кошница и го оставила по брега на Нил. С Божието провидение една египетска принцеса го забелязала и осиновила и той също станал принц. Ето защо не бил обрязан.

Макар и водач на Изхода, той не бил обрязан и затова Божият ангел искал да го убие. Обрязването е пряко свързано с живота; човек не е свързан с Бога ако не е обрязан.

Евреи 10:1 гласи: „*Защото законът, като съдържа в себе си само сянката на бъдещите добрини, а не самата същност на нещата, то свещениците, които непрестанно принасят всяка година същите жертви, никога не могат с тях да направят съвършени в чистота нези, които пристъпват да жертват.*" Законът тук се отнася за Стария завет, а бъдещите добрини за Новия завет, в частност добрите новини, които идват чрез Исус Христос.

Сянката и образът са едно и те не могат да съществуват отделно. Следователно, Божията заповед за обрязването по времето на Новия завет, която повелявала смъртта на необрязаните, е валидна и днес.

В днешно време, за разлика от епохата на Стария завет, ние не трябва да понасяме физическо обрязване, а духовно пречистване, каквото е пречистването на сърцето.

Физическо обрязване и обрязване на сърцето

Римляни 2:28-29 гласи: *„Защото не е юдеин онзи, който е външно такъв, нито е обрязване онова, което е външно в плътта; а юдеин е този, който е такъв вътрешно; а обрязване е това, което е на сърцето, в дух, а не в буквата; чиято похвала не е от човеците, а от Бога."*

Физическото обрязване е само сянка, а първоначалният образ в Новия завет е обрязването на сърцето, което ни дава спасение.

По времето на Стария завет хората не приемали Светия дух и не могли да отхвърлят неистините от сърцата си. Те показвали, че принадлежали на Бога чрез физическото обрязване. По времето на Новия завет, когато приемаме Исус Христос, Светият дух навлиза в сърцето ни и ни помага да живеем праведно, за да можем да отхвърлим неистините от сърцето си.

Да обрежем сърцата си означава да изпълним заповедта за обрязването на телата ни в Стария завет и това е начин да спазваме Пасхата.

Обрежете се на Господа и отнемете краекожието на сърцата си, мъже Юдови и жители йерусалимски, за да не излезе яростта Ми като огън и да не пламне така, че да няма кой да я угаси, поради злото на делата ви. (Еремия 4:4)

Какво означава да отнемем краекожието на сърцето си? Това означава да спазваме Божието слово, което ни казва какво да правим, какво да не правим, какво да спазваме или да отхвърлим.

Ние не трябва да правим нещата, които Бог ни казва да не правим като: „Не мрази, не осъждай и не проклинай, не кради и не изневерявай." Също така, ние отхвърляме и спазваме това, което Той ни казва да отхвърлим или да спазваме като: „Отхвърлете всички форми на злото, спазвайте свещената събота, спазвайте Божиите заповеди."

Освен това, ние правим това, което Той ни казва да правим като: „Проповядвайте евангелието, молете се, прощавайте, обичайте и т.н." По този начин, ние отхвърляме всяка неистина, злина, неправда, беззаконие и тъмнина от сърцето си, за да го направим чисто и да го изпълним с истината.

Обрязване на сърцето и пълно спасение

По времето на Моисей, Пасхата била установена за израелтяните, за да избегнат смъртта на първородните преди

Изхода. Това не означава, че човек е спасен завинаги само защото е участвал в Пасхата.

Ако те бяха спасени завинаги чрез Пасхата, тогава всички израелтяни, които излезли от Египет, щяха да отидат на земята, която изобилствала с мляко и мед – Ханаанската земя.

Истината била, че възрастните, с изключение на Исус Навин и Калеб, които били над 20-годишни по времето на Изхода, не показали вяра и починение. Те представлявали поколението, което трябвало да остане в пустинята в продължение на 40 години и да умре там без да види благословената Ханаанска земя.

Същото е и днес. Дори и да сме приели Исус Христос и да сме станали деца на Бога, това не е изпълнено и гарантирано завинаги. Това означава само, че ние сме влезли в пределите на спасението.

Следователно, така, както 40-годишното изпитание било необходимо за израелтяните, за да навлязат в Ханаанската земя, за да получим постоянно спасение, ние трябва да преминем през процеса на обрязването с Божието слово.

След като приемем Исус Христос за наш личен Спасител, ние приемаме Светия дух. Въпреки това, „да приемем Светия дух" не означава, че сърцето ни е напълно чисто. Ние трябва да продължаваме да пречистваме сърцата си докато постигнем пълно спасение.

Значение на обрязването на сърцето

Можем да станем свети деца на Бога и да водим живот, свободен от напасти ако се пречистим от греховете и от злините с Божието слово и ги отрежем със сабята на Светия дух.

Другата причина, заради която трябва да обрежем сърцата си е да спечелим битката в духовните войни. Макар и невидими, има постоянни и ожесточени битки между духовете на доброто, принадлежащи на Бога и злите духове.

Ефесяни 6:12 гласи: *„Защото нашата борба не е срещу кръв и плът, а срещу началствата, срещу властите, срещу световните управители на тази тъмнота, срещу духовните сили на нечестието в небесните места.“*

Нуждаем се от чисти сърца, за да спечелим победата в тази духовна битка, защото праведността е силата в духовния свят. Ето защо Бог иска да обрежем сърцата си и няколко пъти ни говори за значението на обрязването.

Възлюбени, ако нашето сърце не ни осъжда, имаме дръзновение спрямо Бога; и каквото и да поискаме, получаваме от Него, защото пазим заповедите Му и вършим това, което е угодно пред Него. (1 Йоаново 3:21-22)

Трябва да обрежем сърцата си, за да можем да получим отговори на проблемите на живота като болестите и бедността. Само когато имаме чисти сърца, ще имаме увереност пред Бога и ще получим всичко, което поискаме.

Пасхата и Светото причастие

По подобен начин, само когато сме обрязани, можем да участваме в Пасхата. Това е свързано със Светото причастие в днешно време. Пасхата е празник, по време на който се яде агнешко, а по време на Светото причастие се яде хляб и се пие вино, което символизира плътта и кръвта на Исус.

Затова Исус им каза: Истина, истина ви казвам: Ако не ядете плътта на Човешкия Син и не пиете кръвта Му, нямате живот в себе си. Който се храни с плътта Ми и пие кръвта Ми, има вечен живот; и Аз ще го възкреся в последния ден. (Йоан 6:53-54)

Тук „Човешкият Син" се отнася за Исус, а плътта на Човешкия Син се отнася за 66 –те книги на Библията. Да се храним с плътта на Човешкия Син означава да поемем Божието слово на истината, записано в Библията.

Освен това, така, както се нуждаем от течности, за да улесним храносмилането, трябва да пием вода докато се храним с плътта на Човешкия Син, за да я асимилираме по-добре.

„Да пиете кръвта на Човешкия Син" означава да вярвате истински и да спазвате Божието слово. То е безполезно за вас ако не го прилагате, след като сте го чули и разбрали.

Истината ще влезе в сърцата ни като храната за тялото, когато разберем Божието слово в 66-те книги на Библията и го приложим на практика. Греховете и злините ще се превърнат в отпадъци, които трябва да се изхвърлят, за да станем все повече хора на истината и да спечелим вечен живот.

Например, ако поемем хранителната съставка на истината, наречена „любов" и я практикуваме, ние ще асимилираме тази дума като храна. Противоположните на нея чувства като омраза, завист и ревност ще се превърнат в отпадъци, които трябва да се изхвърлят. Тогава ще имаме съвършено сърце, изпълнено с любов.

Кавгите, споровете, разногласията, негодуванието и порочността ще изчезнат ако изпълним сърцето си с мир и праведност.

Изисквания, за да участваме в Светото причастие

Обрязаните хора по време на Изхода имали право да участват в Пасхата и избегнали смъртта на първородните. По същия начин в днешно време ние ще бъдем Божии деца и ще имаме право да участваме в Светото причастие ако признаем Исус Христос за наш Спасител и ако приемем Светия дух.

Пасхата се отнасяла само за спасението от смъртта на първородните. Хората все още трябвало да вървят в пустинята докато получат пълно спасение. Ето защо, дори и да сме приели Светия дух и да можем да участваме в Светото причастие, на нас все още ни предстои процеса за получаване на постоянно спасение във вечността. Стигнали сме до вратата на спасението чрез приемането на Исус Христос и трябва да спазваме Божието слово в живота си. Трябва да напредваме към портите на небесното царство и вечното спасение.

Не можем да участваме в Светото причастие, да ядем от плътта и да пием от кръвта на Свещения Господ ако извършваме грехове. Трябва първо да се огледаме, да се покаем за всичките ни грехове и да пречистим сърцата си, за да участваме в Светото причастие.

Затова който яде хляба или пие Господнята чаша недостойно, ще бъде виновен за грях против тялото и кръвта на Господа. Но да изпитва човек себе си и така да яде от хляба и да пие от чашата; защото който яде и пие, без да разпознава Господнето тяло, той яде и пие осъждане за себе си. (1 Коринтяни 11:27-29)

Някои хора твърдят, че само покръстените с вода могат да участват в Светото причастие. Ние получаваме Светия дух като дар, когато приемаме Исус Христос и всички ние имаме право да станем Божии деца.

Следователно, ако сме приели Светия дух и сме станали Божии деца, ние можем да участваме в Светото причастие след като се покаем за греховете, дори и да не сме кръстени във вода.

Чрез Светото причастие, ние отново си спомняме за милосърдието на Бога, който бил разпънат на кръста и пролял кръвта Си за нас. Трябва също да се огледаме, да научим и да спазваме Божието слово.

1 Коринтяни 11:23-25 гласи: „Защото аз от Господа приех това, което ви и предадох, че Господ Исус през нощта, когато беше предаден, взе хляб и като благодари, разчупи и каза: Това е Моето тяло, което е разчупено за вас; това правете за Мое възпоменание. Така взе и чашата след вечерята и каза: Тази чаша е Новият завет в Моята кръв; това правете всеки път, когато пиете, за Мое възпоменание."

Ето защо ви призовавам да разберете истинското значение на Пасхата и на Светото причастие и стриктно да ядете плътта и да пиете от кръвта на Господ, за да можете да отхвърлите всички форми на злото и да пречистите изцяло сърцето си.

Глава 9

Изход и празникът на безквасния хляб

Изход 12:15-17

„Седем дни да ядете безквасен хляб; още на първия ден ще вдигнете кваса от къщите си; защото, който яде квасно от първия до седмия ден, онзи човек ще бъде изтребен от Израел. На първия ден ще имате свято събрание и на седмия ден - друго свято събрание; никаква работа да не се върши през тези дни освен онова, което е нужно за ядене на всеки; само това може да вършите. И така, да отпразнувате празника на безквасните хлябове, защото в същия този ден изведох племената ви от Египетската земя; заради което ще ви бъде вечен закон да пазите този ден през всичките си поколения."

„Нека да простим, но да не забравяме."

Тази фраза е записана на входа на Яд ва-Шем –Мемориал на Холокоста в Йерусалим в памет на шесте милиона евреи, убити от нацистите по време на Втората Световна Война, за да не се повтарят подобни събития от историята.

Историята на Израел е история на възпоминанията. Господ казва на израелтяните в Библията да помнят миналото, да го съхраняват и да го пазят за поколенията.

Бог казал на израелтяните да честват Празника на безквасния хляб след като били спасени от смъртта на първородните, за да не забравят деня, в който се освободили от робството.

Духовното значение на Изхода

Денят на Изхода не е просто ден на свободата, която израелтяните постигнали преди много хиляди години.

Този „Египет," в който израелтяните живели в робство, символизира „този свят," намиращ се под контрола на врага-дявол и Сатаната. Така, както израелтяните били преследвани и малтретирани докато били роби в Египет, хората страдат от болка и скръб, причинени от врага-дявол и Сатаната, когато не знаят за Бога.

Израелтяните научили за Бога, когато видели десетте

чуми, които се случили чрез Моисей. Той ги извел от Египет и стигнали до Ханаанската земя, която Бог обещал на техния праотец Авраам.

Същото е и с днешните хора, които живеят без да познават Бога, но накрая приемат Исус Христос.

Израелтяните, които напускат Египет, където живели в робство, могат да се сравнят с хората, които се освобождават от робството на врага-дявол и Сатаната като приемат Исус Христос и стават Божии деца.

Също така, пътуването на израелтяните до Ханаанската земя, изобилстваща с мляко и с мед наподобява пътешествието на вярващите, които вървят с вяра към небесното царство.

Ханаанската земя, където тече мляко и мед

Бог не повел израелтяните директно към Ханаанската земя по време на Изхода. Те трябвало да пътуват в пустинята, защото по краткия път имало една силна нация, наречена Филистимляни и те трябвало да воюват с тях, за да минат от там.

Бог знаел, че хората, които не били вярващи, щели да се върнат в Египет.

По същия начин, хората, които скоро са приели Исус Христос, не получават веднага истинска вяра и ако срещнели изпитание, толкова силно като нацията на Филистимляните, няма да го издържат и ще изоставят вярата си.

Затова Бог казва: *„Никакво изпитание не ви е постигнало освен това, което може да носи човек; но верен е Бог, Който няма да ви остави да бъдете изпитани повече, отколкото ви е силата, а заедно с изпитанието ще даде и изходен път, така че да можете да го издържите"* (1 Коринтяни 10:13).

Така, както израелтяните вървели в пустинята, за да стигнат Ханаанската земя, дори и след като станем Божии деца, на нас ни предстои пътуването на вярата докато стигнем небесното царство.

Въпреки трудните условия в пустинята, хората, които притежавали вяра не се завърнали в Египет. Те търсили свободата, мира и изобилието на Ханаанската земя. Същото се отнася днес и за нас.

Макар и понякога да се налага да вървим по тесен и труден път, ние вярваме в красивото величие на небесното царство. Затова не считаме за трудно пътуването на вярата, а преодоляваме всичко с Божията сила и помощ.

Израелтяните предприели пътуването до Ханаанската земя, изобилстваща с мляко и мед. Те оставили назад земите, в които живели повече от 400 години и започнали своя поход на вярата под лидерството на Моисей.

Някои хора взели със себе си и добитъка. Други се натоварили с дрехи, сребро и злато, които получили от египтяните. Някои вземали безквасно тесто, а други се грижили за децата и старците. Редицата от израелтяните, които бързали да потеглят, била безкрайна.

Излизане от Египет през пасхалната нощ И така, израелтяните се вдигнаха от Рамзес за Сокхот, на брой около шестстотин хиляди мъже пешаци, освен семействата. Още с тях излезе и голямо разноплеменно множество, както и твърде много добитък – овце и говеда. А от тестото, което носеха от Египет, изпекоха безквасни пити; защото не беше втасало, понеже ги пропъдиха от Египет и те нямаха време да си приготвят ястие. (Изход 12:37-39)

В този ден сърцата им били изпълнени със свобода, надежда и спасение. За да отпразнуват тази дата, Бог им заповядал всички поколения да спазват Празника на безквасния хляб.

Празникът на безквасния хляб

В днешно време християните празнуваме Великден вместо празника на безквасния хляб. Великден е празник, който се чества от благодарност към Бога за това, че е простил греховете ни чрез разпъването на Христос. Ние почитаме този ден, в който сме успели да излезем от тъмнината и сме постигнали светлината чрез Неговото възкресение.

Празникът на безквасния хляб е един от най-големите празници в Израел в памет на излизането им от Египет с Божията ръка. Започвайки с навечерието на Пасхата, те ядат безквасен хляб в продължение на седем дни.

Фараонът не променил решението си макар че пострадал от толкова много напасти. Египет бил поразен от смъртта на първородните и сам Фараонът загубил своя първороден син. Той бързо повикал Моисей и Аарон и им казал веднага да напуснат Египет. Ето защо, те нямали време да подквасят хляба и се хранили с безквасен хляб.

Бог ги оставил да се хранят с безквасен хляб, за да не забравят епохата на страданието и да благодарят, че били освободени от робството.

Пасхата ознаменува спасението от смъртта на първородните. В този ден израелтяните се хранят с агнешко, горчиви треви и безквасен хляб. Празникът на безквасния хляб отбелязва факта, че те се хранили с него в пустинята в продължение на една седмица, след като излезли забързано от Египет.

В днешно време израелтяните празнуват цяла седмица, за да почетат Празника на безквасния хляб.

Да не ядеш с нея нищо квасно; седем дни да ядеш с нея безквасни хлябове, хляб на печал (защото набързо си излязъл от Египетската земя) за да помниш през всички дни на живота си деня на излизането си от Египетската земя. (Второзаконие 16:3)

Духовното значение на празника на безквасния хляб

Седем дни да ядете безквасен хляб; още на първия ден ще вдигнете кваса от къщите си; защото, който яде квасно от първия до седмия ден, онзи човек ще бъде изтребен от Израел. (Изход 12:15)

„На първия ден" тук се отнася за деня на спасението. След като били спасени от смъртта на първородните и напуснали Египет, израелтяните трябвало да се хранят с безквасен хляб в продължение на седем дни. По същия начин, ние трябва духовно да се храним с безквасен хляб след като приемем Исус Христос, за да постигнем пълно спасение.

В духовен смисъл яденето на безквасен хляб означава да изоставим светския живот и да тръгнем по тесния път. След като приемем Исус Христос, ние трябва да се смирим и да тръгнем по тесния път, за да постигнем пълно спасение с кротки сърца.

Да ядем подквасен хляб означава да тръгнем по широкия и лесен път в преследване на незначителни неща от този свят, които ни устройват. Очевидно, хората, които тръгнат по този път, няма да получат спасение. Ето защо, Бог казал, че онези, които се хранили с подквасен хляб, щели де бъдат изтребени от Израел.

Какви уроци ни дава в днешно време Празникът на безквасния хляб?

На първо място, ние винаги трябва да помним и да благодарим за любовта на Бога и за милосърдието на спасението, което сме получили с изкуплението на Исус Христос.

Израелтяните си спомнят времената на робството в Египет като се хранят с безквасен хляб в продължение на седем дни и благодарят на Бога за своето спасение. По същия начин ние – вярващите, които сме духовните израелтяни, трябва да помним милосърдието и любовта на Бога, който ни ръководил по пътя на вечния живот и да благодарим за всичко.

Трябва да благодарим на Бога в памет на милосърдието Му и да помним деня, в който сме срещнали и сме почувствали Господ и в който отново сме се родили с вода и Дух. Също означава спазването на празника на безквасния хляб. Хората с истински праведни сърца никога няма да забравят милосърдието, получено от Господ. Това е тяхното задължение и това е делото на изпълненото с добрина сърце.

Независимо от трудността на настоящата действителност,

никога няма да забравим любовта и благоволението с такова добро сърце, а ще благодарим за тях и винаги ще изпитваме радост.

Такъв бил случаят с Аввакум, който живял в царството на Йоаким около 600 г. преди Христа.

Защото, ако и да не цъфти смокинята, нито да има плод по лозите, трудът на маслината да се осуети и нивите да не дадат храна, стадото да се премахне от оградата и да няма говеда в оборите, пак аз ще се веселя в Господа, ще се радвам в Бога на спасението си. (Авакум 3:17-18)

Неговата страна Юда трябвало да се пребори с опасностите от халдеите (вавилонците) и пророк Аввакум видял страната си покорена. Въпреки това, вместо да се отчайва, Аввакум възхвалявал Бога и Му благодарил.

По подобен начин, независимо от нашата ситуация или условия на живот, само заради факта, че сме спасени с Божието милосърдие без да заплатим с нищо, можем да изпитваме благодарност от все сърце.

На второ място, не трябва да водим рутинен живот с вяра, не трябва да се завръщаме към стария безполезен живот и не трябва да водим християнски живот, в който няма напредък или промяна.

Ние ще останем на едно място ако не живеем ентусиазирано като христини. Това е апатичен живот без движение или промяна и означава, че изпитваме равнодушна, формална вяра без да пречистваме сърцата си.

Господ може да ни накаже за хладината ни, за да се променим и обновим. Ние водим светски живот ако сме апатични и не се опитваме да се откажем от греховете. Не можем съзнателно и лесно да изоставим Бога, защото сме приели Светия дух и знаем много добре, че има рай и ад.

Ние ще се молим на Бога за нашите несъвършенства ако ги осъзнаваме, но равнодушните хора не изпитват никакъв ентусиазъм и просто „посещават църквата."

Те могат да изпитват нещастия и да чувстват страдание и тревога в сърцата си, но дори и тези терзания изчезват с времето.

„Така, понеже си хладък – нито горещ, нито студен, ще те изплюя от устата Си." (Откровение 3:16). Както е записано, в този случай не могат да бъдат спасени. Ето защо Бог ни кара да честваме различни празници от време на време, за да провери вярата ни и да постигнем зряла и съвършена вяра.

На трето място, винаги трябва да пазим благоволението на първата любов. В случай, че я загубим, трябва да се замислим кога сме съгрешили, да се разкаем и бързо да възстановим това, което сме направили отначало.

Всеки, който е приел Господ Исус, може да изпита благоволението на първата любов. Милосърдието и любовта на Бога са толкова големи, че всеки ден от живота му ще бъде радостен и щастлив.

Така, както родителите очакват децата им да пораснат, Бог също очаква децата Му да притежават непоколебима вяра, която непрекъснато да расте. Ентусиазмът и обичта ни могат да се охладят ако загубим благоволението на първата любов. Дори и да се молим, ние можем да правим това просто по задължение.

Винаги можем да загубим първата любов ако предадем сърцето си на Сатаната преди да постигнем цялостно, съвършено и пълно равнище на пречистване. Ето защо, ако сме загубили благоволението на страстната първа любов, ние трябва да потърсим причината, бързо да се разкаем и да се върнем в правия път.

Много хора казват, че християнският живот е тесен и труден път, но Второзаконие 30:11 гласи: „Понеже тази заповед, която днес ти давам, не е много трудна за тебе, нито е далеч." Житейският път с вяра не е труден ако осъзнаем истинската любов на Бога, защото настоящите страдания не могат да бъдат сравнявани със славата, която ще получим по-късно. Можем да бъдем щастливи от представата ни за това величие.

Следователно, винаги трябва да спазваме Божието слово и да живеем в светлината в епохата на последните дни. Ще можем да стигнем до Ханаанската земя, изобилстваща с мляко и мед ако не тръгнем по широкия път на светския живот, а поемем по тясната пътека на вярата.

Бог ще ни даде благоволението на спасението и радостта от първата любов. Той ще ни благослови, за да се пречистим изцяло и чрез похода ни с вярата, ще ни позволи да завземем вечното небесно царство със сила.

Глава 10

Живот в послушание и благословии

Второзаконие 28:1-14

„Ако слушаш добре гласа на Господа, твоя Бог, и старателно изпълняваш всички Негови заповеди, които днес ти заповядвам, тогава Господ, твоят Бог, ще те издигне над всички племена на света. И всички тези благословения ще дойдат върху теб и ще те придружават, ако слушаш гласа на Господа, твоя Бог. Благословен ще бъдеш в града и благословен ще бъдеш на полето. Благословено ще бъде роденото от тебе, плодът на земята ти и роденото от добитъка ти, малките на говедата ти и овцете ти; благословени кошът ти и нощвите ти. Благословен ще бъдеш при влизането си и благословен ще бъдеш при излизането си през градската порта.“

Историята на спасението на Израел ни дава ценни уроци. Така, както Фараонът и Египет били поразени с напасти заради тяхното неподчинение, израелтяните трябвало да страдат от изпитания по пътя към Ханаанската земя и не успели в своето начинание, защото се противопоставили на Божията воля.

Те били пощадени от смъртта на първородните чрез Пасхата, но започнали да се оплакват, когато нямали какво да пият и да ядат по пътя за Ханаанската земя.

Направили златен телец, благославяли го и говорили лошо за Обещаната земя. Те дори се опълчили на Моисей. Всичко това станало, защото в очите им нямало вяра по пътя към Ханаанската земя.

В резултат на това, цялото първо поколение на Изхода с изключение на Исус Навиев и Кейлъб, загинало в пустинята. Само Исус Навиев и Кейлъб вярвали в обещанието на Бога и му се подчинявали и те стигнали до Ханаанската земя с второто поколение на Изхода.

Благословията за стъпването на Ханаанската земя

Първото поколение на Изхода представлявали една част от хората, които били раждани и отглеждани в нееврейската култура на Египет в продължение на 400 години и те загубили голяма част от вярата си в Бога. Освен това, сърцата им се изпълнили с много злина докато страдали от преследвания и мъки.

Израелтяните от второто поколение на Изхода учили Божието слово от своята младост. Те видели с очите си множество мощни дела на Бога и били много различни от поколението на своите родители.

Те разбирали защо родителите им не могли да стигнат до Ханаанската земя и трябвало да останат в пустинята в продължение на 40 години и били напълно готови да се подчиняват на Бога и лидера им с истинска вяра.

За разлика от поколението на своите родители, които непрекъснато се оплаквали дори и след като изпитали многобройни дела на Бога, те дали обет да се подчиняват и обещали да се подчиняват напълно на Исус Навиев, който заел мястото на Моисей според Божията воля.

Както слушахме във всичко Моисей, така ще слушаме и тебе; само Господ, твоят Бог, да е с тебе, както беше с Моисей. Всеки, който се възпротиви на твоите заповеди и не послуша думите ти във всичко, което му заповядваш, ще бъде умъртвен. Само ти бъди силен и смел. (Исус Навиев 1:17-18)

Четиридесетте години скитания в пустинята не били само години за наказание на израелтяните. Това било също времето за духовно усъвършенстване на второто поколение на Изхода, което щяло да достигне Ханаанската земя.

Преди Бог да ни благослови, Той позволява множество различни видове процеси, за да притежаваме духовна вяра. Не можем да бъдем спасени и да отидем на небесното царство ако не притежаваме духовна вяра.

Повечето от нас биха се завърнали към светския живот ако Бог ни благославяше преди да имаме духовна вяра. Ето защо, Той ни представя удивителни дела на силата Си и понякога ни подлага на огнени изпитания, за да порасне вярата ни.

Първото препятствие за послушанието на второто поколение било на брега на река Йордан. Река Йордан протичала между равнините Моав и Ханаанската земя и по онова време била много силна и течението й наводнявало крайбрежията.

Какво казал Господ тук? Той казал на свещениците левити да носят ковчега с плочите на завета на Господа и да поведат народа, за да влязат първи във водата. Веднага щом хората чули Божията воля чрез Исус Навиев, те тръгнали решително към река Йордан, поведени от свещениците.

Те вярвали във всезнаещия и всемогъщ Господ и затова се подчинявали безпрекословно и без оплаквания. В резултат на това, когато краката на свещениците, носещи ковчега на Господа достигнали водата на реката, речният поток спрял и те могли да го пресекат сякаш вървели по сушата.

Също така, те унищожили град Йерихон, който се

считал за непревземаема крепост. За разлика от днес, те не притежавали мощни оръжия и било почти невъзможно да разрушат такива здрави стени, които били двуредни.

Дори и да използвали всичките си сили, щяло да бъде изключително трудно да ги съборят, но Бог им казал да обикалят града по един път на ден в продължение на шест дни, а на седмия ден да станат рано и да обиколят града седем пъти със силни викове.

В ситуацията, в която вражеските сили бдяли на върха на стените, второто поколение на Изхода започнало решително да обикаля около града.

Възможно било враговете им да ги целят със стрели или да предприемат мащабна атака срещу тях, но дори и в такава опасна ситуация, те се подчинили на Божието слово и просто обикаляли около града. Дори и здравите стени се сринали, когато израелтяните спазвали Божието слово.

Получаване на благословии чрез послушание

Послушанието може да премине границите на всякакви обстоятелства. То е начинът за представяне на удивителната сила на Бога. От човешка гледна точка, ние можем да си помислим, че не е възможно да се подчиним за определени неща, но според Бог няма нищо, което да не можем да изпълним, а Господ е всемогъщ.

За да покажем такъв вид послушание, така, както трябва

да изпечем агнето на огъня, ние трябва да чуем и да разберем цялото Божие слово чрез вдъхновението на Светия дух.

Подобно на поколенията израелтяни, които спазват Пасхата и Празника на безквасния хляб, ние винаги трябва да помним Божието слово и да се съобразяваме с него. По-конкретно, ние трябва непрекъснато да пречистваме сърцата си с Божието слово и да се отказваме от греховете и от злото с благодарност за полученото спасение.

Само тогава ще постигнем истинска вяра и ще покажем действия на съвършено послушание.

Възможно е да има неща, за които не можем да се подчиним ако разсъждаваме с теориите, знанията и разбиранията на хората, но Божията воля за нас е да се подчиняваме дори и в тези случаи. Когато представим подобен вид послушание, Бог ни показва велики дела и удивителни благословии.

Много хора в Библията получили невероятни благословии със своето послушание. Данаил и Яков били благословени заради своята непоколебима вяра в Бога и дори и преди смъртта си, те продължили да спазват Божието слово. Чрез живота на Авраам – бащата на вярата, също можем да разберем колко доволен е Бог от тези, които Му се подчиняват.

Благословиите, дадени на Авраам

Тогава Господ каза на Аврам: Излез от отечеството си, от рода си и от бащиния си дом и иди в земята, която ще ти покажа. Ще те направя голям народ; ще те благословя и ще прославя името ти, и ще бъдеш за благословение. (Битие 12:1-2)

По онова време Авраам бил на седемдесет и пет години и определено не бил млад. За него не било лесно да излезе от страната си, от рода си и от бащиния си дом, тъй като нямал синове, които да го наследят.

Бог не му посочил конкретно място, а само му заповядал да си тръгне. Много е трудно да се подчиним в този случай ако използваме човешкия начин на мислене. Той трябвало да изостави всичко, което имал в дома си и да отиде на напълно чуждо място.

Не е лесно да изоставим всичко, което имаме и да отидем на съвсем ново място, дори и бъдещето ни да е гарантирано. Колко хора в действителност биха направили това ако бъдещето им не е толкова ясно? Авраам изпълнил заповедта на Бога.

Има и друг случай, в който послушанието на Авраам блестяло с още по-силна светлина. Бог го подложил на изпитание, за да го благослови и му заповядал да принесе в жертва своя единствен син Исаак. Авраам ценял високо сина си Исаак, обичал го повече от самия себе си, но се подчинил безприкословно.

Според Битие 22:3, както му посочил Бог, на следващия ден Авраам станал рано сутринта и подготвил всичко, за да принесе жертва.

Това била по-висока степен на послушание, отколкото подчинението да напусне страната и родния дом. В този случай той се подчинил без да познава истински Божията воля. Авраам разбрал Божието сърце, когато Бог му казал да принесе в жертва своя син Исаак и се подчинил на волята Му. Според Евреи 11:17-19 Авраам вярвал, че Бог щял да възкреси сина му ако го принесе в жертва.

Бог бил доволен от вярата на Авраам и Той сам подготвил пожертвованието. Авраам издържал това изпитание, Бог го нарекъл Негов приятел и му дал големи благословии.

Дори и в днешно време, водата е оскъдна около Израел. В онази епоха тя била още по-оскъдна на Ханаанската земя. Въпреки това, на мястото, където отивал Авраам, имало изобилие от вода. Дори и племенникът му Лот, който живеел с него, получил големи благословии.

Авраам притежавал многоброен добитък, много сребро и злато и бил богат. Когато пленили племенника му Лот, Авраам събрал 318 мъже, които били отгледани в къщата му и спасил Лот. Само от този факт можем да съдим колко голямо било богатството му.

Авраам спазвал Божието слово. Съседните земи и близките му също получили благословии.

Синът му Исаак бил благословен и потомците му били толкова многобройни, че образували нация. По-нататък, Бог му казал, че щял да благослови всеки, който го благославя и щял да прокълне всеки, който го проклина. Той бил толкова уважаван, че дори и царете на съседните царства го почитали.

Авраам получил всички видове благословии, които може да получи човек на земята, включително богатство, слава, власт, здраве и деца. Както е записано в Глава 28 на Второзаконие, той получавал благословии, когато влизал и когато излизал.

Авраам станал източник на благословии и баща на вярата. Той разбирал напълно сърцето на Бога и Господ споделял сърцето Си с него като Негов приятел. Колко велика е тази благословия!

Бог е жив и иска всички да бъдат като Авраам, за да бъдат благословени и да постигнат величествени позиции. Ето защо, Бог оставил подробни записки за Авраам. Всеки, който следва примера му и спазва Божието слово, може да получи същите благословии, когато влиза и когато излиза, подобно на Авраам.

Любовта и справедливостта на Бога, който ни благославя

Досега разгледахме десетте напасти, които поразили Египет и Пасхата, която представлявала начинът за спасението на израелтяните. Чрез тях можем да разберем защо сме изправени пред нещастия, как можем да ги избегнем и как можем да бъдем спасени.

Проблемите или заболяванията, от които страдаме, са причинени от пороците ни. Трябва бързо да погледнем себе си, да се покаем и да се откажем от всички форми на злото. Чрез Авраам можем да разберем какви видове удивителни и невъобразими благословии ни дава Бог, когато Му се подчиняваме.

За всички бедствия има причина. Резултатите ще бъдат много различни според това до колко я осъзнаем в сърцето си, според това дали се отказваме от греховете и от злото и дали се променяме. Някои хора само ще понесат наказанието за своите прегрешения, а други ще открият тъмнината или злото в сърцето си чрез страданието и ще го превърнат в шанс да се променят.

Във Второзаконие, Глава 28, можем да видим сравненията между благословиите и проклятията, които ще ни сполетят според това дали спазваме или не Божието слово.

Бог иска да ни изпрати благословии, но както е казал във Второзаконие 11:26, „Ето, днес поставям пред вас благословение и проклятие” – изборът зависи от нас. Ще поникнат зърна ако посеем зърна. По подобен начин, ние страдаме от бедствия, причинени от Сатаната в резултат на греховете ни. В този случай Господ трябва да позволи да ни сполетят нещастията според Неговата справедливост.

Родителите желаят децата им да живеят добре и им казват:

„Учи усилено", „Живей праведно", „Спазвай правилата за движение по улиците" и т.н. С подобни родителски чувства, Бог ни е дал десетте заповеди и иска от нас да ги спазваме. Родителите никога не биха пожелали децата им да не ги слушат и да тръгнат по пътя на нещастието и унищожението. По подобен начин, Божията воля никога не е да страдаме от беди.

Ето защо аз се моля в името на Господ Исус Христос вие всички да разберете, че Божията воля за Неговите деца не са бедствията, а благословиите и чрез живота на послушанието, ще бъдете благословени, когато влизате и когато излизате и всичко ще бъде добре за вас.

Авторът:

Д-р Джейрок Лий

Д-р Джейрок Лий се родил в Муан, провинция Джионам, република Корея, през 1943 година. На двадесет години д-р Лий започнал да страда от различни неизлечими болести в продължение на седем години и очаквал смъртта без надежда да оздравее. Въпреки това, един ден през пролетта на 1974 г. сестра му го завела на църква, той коленичил в молитва и живият Бог веднага го излекувал от всички болести.

От момента в който д-р Лий срещнал живия Бог чрез това прекрасно преживяване, той започнал да Го обича от все сърце и през 1978 година бил призован да стане Божи служител. Молил се пламенно, за да разбере Божията воля и да спазва Божието слово. През 1982 г. основал Централната църква Манмин в Сеул, Южна Корея, където започнали да се извършват безброй Божии дела, включително чудотворни изцеления и чудеса.

През 1986 г. д-р Лий бил ръкоположен за пастор на годишната среща на Светата корейска църква на Исус, а четири години по-късно, през 1990 г., неговите проповеди започнали да се излъчват в Австралия, Русия, Филипините и много други страни чрез далекоизточната радиопредавателна компания, азиатската радиостанция и вашингтонското християнско радио.

Три години по-късно, през 1993 г., Централната църква Манмин била избрана за една от „Първите 50 световни църкви" от списанието Християнски свят (САЩ) и той получил Почетен докторат за Божественост от Колежа за Християнска вяра във Флорида, САЩ, а през 1996 г. получава докторска степен по философия и духовенство от Теологичната семинария Кингсуей в Айова, САЩ.

От 1993 г. Д-р Лий поема лидерството на множество световни мисии в Танзания, Аржентина, Лос Анжелос, Балтимор, Хаваите и град Ню Йорк в САЩ, Уганда, Япония, Пакистан, Кения,

Филипините, Хондурас, Индия, Русия, Германия, Перу, Демократична република Конго и Израел. През 2002 г. той е обявен за „световен пастор" от главната християнска преса в Корея заради своята работа в различни международни обединени мисии.

От месец Март, 2013 година паството на Централната църква Манмин наброява над 120 000 члена и 10 000 национални и чуждестранни църковни представителства в целия свят. Досега е изпратила над 129 мисионера в 23 страни, включително в САЩ, Русия, Германия, Канада, Япония, Китай, Франция, Индия, Кения и много други.

До днешна дата Д-р Лий е написал 84 книги, включително бестселърите „Опитване на вечния живот преди смъртта," „Моят живот Моята вяра I и II," „Посланието на кръста," „Мярката на вярата," „Небето I и II," „Ад" и „Божията сила." Книгите му са преведени на повече от 75 езика.

Неговите статии за християнството са публикувани в следните издания: The Hankook Ilbo, The JoongAng Daily, The Dong-A Ilbo, The Munhwa Ilbo, The Seoul Shinmun, The Kyunghyang Shinmun, The Korea Economic Daily, The Korea Herald, The Shisa News и Християнската преса.

Понастоящем Д-р Лий е ръководител на редица мисионерски организации и асоциации. Той е председател на Обединената света църква на Исус Христос, президент на Световната мисия на Манмин, постоянен президент на Световната християнска асоциация за изцеление, основател на телевизията Манмин, основател и председател на съвета на Глобалната християнска мрежа (GCN), основател и председател на съвета на Световната мрежа на християнските лекари (WCDN) и основател и председател на съвета на Международната семинария Манмин (MIS).

Небето I и II

Подробно описание на великолепната среда, която обитават небесните жители и красиво описание на различните равнища на небесното царство.

Ад

Страстно послание до цялото човечество от Бога, който не иска нито една душа да попадне в дълбините на Ада! Ще откриете никога описваната досега жестока действителност на Долния гроб и Ада.

Посланието на кръста

Мощно пробуждащо послание за всички хора, които са духовно заспали! С тази книга ще разберете защо Христос е единственият Спасител и истинската любов на Бога.

Моят живот Моята вяра I и II

Благоуханен духовен аромат, извлечен от живота, разцъфнал с несравнимата любов към Бога сред тъмни вълни, тежък гнет и най-дълбоко отчаяние.

Мярката на вярата

Какво място на небето е подготвено за вас и каква корона и награда ще получите на небето? Тази книга ви дарява с мъдрост и ръководство, за да измерите вярата си и да добиете най-добрата и зряла вяра.

www.ingramcontent.com/pod-product-compliance
Lightning Source LLC
Chambersburg PA
CBHW030259130626
46549CB00002B/612